2026

최신 공무원 시험 유형에 꼭 맞춘

오정화 회계학 베스트 모의고사

오정화 편저

실전에 강한
총 12회 기출 모의 문제 구성

Preface 이 책의 머리말

공무원 시험은 다른 어떤 시험보다도 실전에서 당락이 크게 좌우되는 시험이다.

다섯 과목의 테스트가 100분이라는 제한된 시간에 쉼 없이 진행되기 때문이다.

그러므로 한 과목에서의 시간 지연이나 난이도 높은 과목을 마주했을 때의 당혹스러움은

시험 전반에 영향을 미칠 수 있다.

1~2년의 시간을 공들여 준비하고도 실전에 대한 대비가 부족하다면

모든 노력이 허사가 되고마는 안타까운 시험이다.

일반적으로 수험가에서는 실전에 대한 대비를 시험을 한 달 앞둔 3월에 모의고사를 통해 준비한다.

그러나 시간이 많이 소요되는 회계학 과목의 특성상 주제가 혼합되어

실전처럼 구성된 20문항의 모의고사에 대한 대비가 빠르면 빠를수록 좋겠다는 것이

수많은 합격생들을 배출한 저자의 생각이자, 수험생들의 요구이다.

이러한 수험생들의 요구를 충족시키고자 **"베스트 모의고사"**를 발간하게 되었다.

머리말

01~06회는 기출문제만으로 이루어진 20문항 모의고사이다.

실전과 동일하게 "재무회계 + 원가관리회계 + 정부회계"의 문항으로 구성하였고,

최근 늘어나고 있는 서술형 문제의 비중을 높여 서술형 문제와 계산형 문제를 실전과 유사하게 배치하였다.

기출만으로 구성된 모의고사 6회를 연습한 후, 그 다음 **07~10회**는 기출문제와 응용문제의 혼합으로, **11~12회**는

순수응용문제를 풀 수 있도록 기획되었다.

익숙한 기출문제만으로 출제된 경우와 응용 문제가 섞여 있는 경우, 그리고 응용문제만으로 구성된 낯선 문제들을

시험에서 마주한 경우에 대한 모든 변수를 경험해보기 위해서이다.

입버릇처럼 수험생들에게 이야기한다.

내 인생을 걸고 보는 시험 앞에 '이럴 줄 몰랐어요.'라는 변명은 하지 않기로 하자고.

시험장에서 일어날 수 있는 모든 변수를 대비해서 다양한 방식으로

테스트해 보고 준비하는 과정이 반드시 필요하다.

매년 나를 믿고 함께해 준 수험생들과 더불어 성장하고 발전하고 있음을 느낀다.

그들의 요구로 만들어진 **"베스트 모의고사"**를 통해 실전에 대한 완벽한 대비가 될 수 있기를 바란다.

2025년 11월

편저자 **오정화** 씀

Contents 이 책의 차례

문제편

제 1 회 베스트모의고사 8

제 2 회 베스트모의고사 13

제 3 회 베스트모의고사 18

제 4 회 베스트모의고사 23

제 5 회 베스트모의고사 29

제 6 회 베스트모의고사 34

제 7 회 베스트모의고사 39

제 8 회 베스트모의고사 44

제 9 회 베스트모의고사 49

제10회 베스트모의고사 54

제11회 베스트모의고사 59

제12회 베스트모의고사 64

정답 및 해설편

제 1 회	베스트모의고사	70
제 2 회	베스트모의고사	75
제 3 회	베스트모의고사	80
제 4 회	베스트모의고사	84
제 5 회	베스트모의고사	89
제 6 회	베스트모의고사	94
제 7 회	베스트모의고사	98
제 8 회	베스트모의고사	102
제 9 회	베스트모의고사	107
제10회	베스트모의고사	111
제11회	베스트모의고사	115
제12회	베스트모의고사	120

2026 오정화 회계학 베스트모의고사

01 ••• 12

문제편

제1~12회

제 1 회 베스트 모의고사

목표시간 :
걸린시간 : :

01

한국채택국제회계기준의 특징과 관련된 설명 중에서 옳지 않은 것은?

① 연결재무제표를 주재무제표로 작성함으로써 개별기업의 재무제표가 보여주지 못하는 경제적 실질을 더 잘 반영할 수 있을 것으로 기대된다.
②「주식회사 등의 외부감사에 관한 법률」의 적용을 받는 모든 기업이 한국채택국제회계기준을 회계기준으로 삼아 재무제표를 작성하여야 한다.
③ 과거 규정중심의 회계기준이 원칙중심의 회계기준으로 변경되었다.
④ 자산과 부채의 공정가치평가 적용이 확대되었다.

02

(주)한국의 자산과 부채에 대한 자료는 다음과 같으며, (주)한국은 기중에 ₩2,000의 주식배당을 실시하였다. (주)한국의 당기순이익이 ₩5,000인 경우, 당기의 기타포괄손익은?

구분	기초잔액	기말잔액
자산	₩30,000	₩40,000
부채	₩15,000	₩20,000

① ₩0
② ₩2,000
③ ₩3,000
④ ₩5,000

03

다음 (주)한국의 재무자료를 이용한 이익잉여금은?

계정과목	금액	계정과목	금액
현금	₩2,000	매출채권	₩2,500
선수수익	₩800	대손충당금 (매출채권)	₩300
재고자산	₩3,000	기계장치	₩14,000
매입채무	₩1,500	감가상각누계액 (기계장치)	₩5,000
자본금	₩4,000	이익잉여금	?

① ₩9,900
② ₩10,700
③ ₩11,000
④ ₩16,000

04

회계상 거래가 아닌 것은?

① 사무실을 1개월 후에 1년간 임차하기로 임대인과 계약 체결
② 업무에 사용하던 비품의 자연재해로 인한 파손
③ 제품생산을 위한 기계장치의 사용
④ 공장건물에 대한 수선 후 청구서 수령

05

(주)한국의 20X1년 말 재무상태표는 다음과 같다. 유동비율과 당좌비율이 각각 150%와 120%일 때, 재고자산(A)과 장기차입금(B)을 바르게 연결한 것은?

재무상태표

유동자산	☐	유동부채	☐
현금	₩2,000	매입채무	₩1,000
매출채권	☐	단기차입금	☐
재고자산	A	비유동부채	☐
비유동자산	₩16,000	장기차입금	B
유형자산	₩8,000	부채총계	☐
투자부동산	₩2,000	자본금	₩5,000
무형자산	₩6,000	이익잉여금	₩8,000
		자본총계	₩13,000
자산총계	₩28,000	부채 및 자본 총계	₩28,000

	A	B
①	₩2,400	₩7,000
②	₩2,400	₩8,000
③	₩7,600	₩7,000
④	₩7,600	₩8,000

06

유용한 재무정보의 질적 특성 중 보강적 특성에 대한 설명으로 옳지 않은 것은?

① 비교가능성은 이용자들이 항목 간의 유사점과 차이점을 식별하고 이해할 수 있게 하는 질적 특성이며, 일관성과는 구별된다.

② 검증가능성은 정보가 나타내고자 하는 경제적 현상을 충실히 표현하는지를 이용자들이 확인하는 데 도움을 주며, 검증은 간접으로도 이루어질 수 있다.

③ 적시성은 의사결정에 영향을 미칠 수 있도록 의사결정자가 정보를 제때에 이용가능하게 하는 것을 의미한다. 따라서 보고기간 말 후의 모든 정보는 적시성이 없다.

④ 정보를 명확하고 간결하게 분류하고, 특징지으며, 표시하는 것은 정보를 이해가능하게 한다.

07

재무제표 표시에 대한 설명으로 옳지 않은 것은?

① 경영진은 재무제표를 작성할 때 계속기업으로서의 존속가능성을 평가해야 한다.

② 기업은 현금흐름 정보를 제외하고는 발생기준 회계를 사용하여 재무제표를 작성한다.

③ 당기 재무제표를 이해하는 데 목적적합하다면 서술형 정보의 경우에도 비교정보를 포함한다.

④ 회계기준에서 표시방법의 변경을 요구하는 경우에도 재무제표의 표시와 분류는 매기 동일하여야 한다.

08

금융자산에 대한 설명으로 옳은 것은?

① 금융자산은 상각후원가로 측정하거나 기타포괄손익 공정가치로 측정하는 경우가 아니라면, 당기손익 공정가치로 측정한다.

② 계약상 현금흐름을 수취하기 위해 보유하는 것이 목적인 사업모형 하에서 금융자산을 보유하고, 계약 조건에 따라 특정일에 원금과 원금잔액에 대한 이자 지급만으로 구성되어 있는 현금흐름이 발생한다면 금융자산을 기타포괄손익 공정가치로 측정한다.

③ 계약상 현금흐름의 수취와 금융자산의 매도 둘 다를 통해 목적을 이루는 사업모형하에서 금융자산을 보유하고, 계약조건에 따라 특정일에 원리금 지급만으로 구성되어 있는 현금흐름이 발생한다면 금융자산을 상각후원가로 측정한다.

④ 당기손익 공정가치로 측정되는 지분상품에 대한 특정투자에 대하여는 후속적인 공정가치 변동을 기타포괄손익으로 표시하도록 최초 인식시점에 선택할 수도 있다. 다만, 한번 선택했더라도 이를 취소할 수 있다.

09

다음은 20X1년 (주)한국의 재무제표와 거래 자료 중 일부이다.

• 기초매입채무	₩4,000
• 기말매입채무	₩6,000
• 현금지급에 의한 매입채무 감소액	₩17,500
• 기초상품재고	₩6,000
• 기말상품재고	₩5,500
• 매출총이익	₩5,000

20X1년 손익계산서상 당기 매출액은?

① ₩24,000
② ₩25,000
③ ₩26,000
④ ₩27,000

10

유형자산의 원가를 구성하는 것은?

① 새로운 시설을 개설하는 데 소요되는 원가
② 경영진이 의도한 방식으로 유형자산을 가동할 수 있는 장소와 상태에 이르게 하는 동안에 재화가 생산된다면 그러한 재화를 판매하여 얻은 매각금액과 그 재화의 원가
③ 유형자산이 경영진이 의도하는 방식으로 가동될 수 있으나 아직 실제로 사용되지는 않고 있는 경우 또는 가동수준이 완전조업도 수준에 미치지 못하는 경우에 발생하는 원가
④ 자산을 해체, 제거하거나 부지를 복구하는 데 소요될 것으로 최초에 추정되는 원가

11

투자부동산 회계처리 방법에 대한 설명으로 가장 옳은 것은?

① 원칙적으로 공정가치모형과 원가모형 중 하나를 선택할 수 있으므로 투자부동산인 토지는 공정가치모형을 적용하고, 투자부동산인 건물은 원가모형을 적용할 수도 있다.
② 공정가치모형을 선택한 경우에는 공정가치 변동으로 발생하는 손익은 발생한 기간의 기타포괄손익에 반영한다.
③ 자가사용부동산을 공정가치로 평가하는 투자부동산으로 대체하는 경우, 대체하는 시점까지 그 부동산을 감가상각하고, 발생한 손상차손을 인식한다.
④ 공정가치모형을 최초 적용할 경우에는 유형자산의 경우와 같이 예외 규정에 따라 비교 표시되는 과거 기간의 재무제표를 소급하여 재작성하지 않는다.

12

유효이자율법에 의한 사채할인발행차금 또는 사채할증발행차금에 대한 설명으로 옳은 것은?

① 사채를 할증발행할 경우, 인식하게 될 이자비용은 사채할증발행차금에서 현금이자 지급액을 차감한 금액이다.
② 사채를 할인발행할 경우, 사채할인발행차금 상각액은 점차 감소한다.
③ 사채를 할인발행 또는 할증발행할 경우 마지막 기간 상각 완료 후 장부가액은 사채의 액면금액이 된다.
④ 사채할인발행차금의 총발생액과 각 기간 상각액의 합계금액은 같고, 사채할증발행차금의 총 발생액과 각 기간 상각액의 합계 금액은 다르다.

13

(주)한국은 20X1년 초에 취득한 기계장치를 원가모형을 적용하여 연수합계법으로 감가상각하고 있다. (주)한국은 동 기계장치의 내용연수를 4년, 잔존가치는 ₩50,000으로 추정하였다. (주)한국이 20X3년도에 인식한 감가상각비가 ₩10,000인 경우, 동 기계장치의 취득원가는? (단, 취득 이후 기계장치에 대한 손상은 없다.)

① ₩100,000
② ₩200,000
③ ₩300,000
④ ₩400,000

14

(주)한국은 휴대전화 판매를 영위하는 회사이며, 다음의 거래를 누락한 상태에서 당기순이익을 ₩40,000으로 산정하였다. 다음 거래를 추가로 반영할 경우 포괄손익계산서상 당기순이익은?

• 미수이자수익 발생	₩10,000
• 선수수익의 수익실현	₩40,000
• 매출채권의 현금회수	₩20,000
• 매입채무의 현금상환	₩7,000
• 미지급이자비용 발생	₩3,000

① ₩50,000
② ₩87,000
③ ₩100,000
④ ₩110,000

15

원가에 대한 설명으로 옳지 않은 것은?

① 기회원가는 여러 대안 중 최선안을 선택함으로써 포기된 차선의 대안에서 희생된 잠재적 효익을 의미하며, 실제로 지출되는 원가는 아니다.
② 매몰원가는 과거 의사결정의 결과에 의해 이미 발생한 원가로서 경영자가 더 이상 통제할 수 없는 과거의 원가로 미래의사결정에 영향을 미치지 못하는 원가이다.
③ 당기총제조원가는 특정 기간 동안 완성된 제품의 제조원가를 의미하며, 당기제품제조원가는 특정 기간 동안 재공품 계정에 가산되는 총금액으로 생산완료와는 상관없이 해당 기간 동안 투입된 제조원가가 모두 포함된다.
④ 관련 범위 내에서 조업도 수준이 증가함에 따라 총변동원가는 증가하지만 단위당 변동원가는 일정하다.

16

(주)한국은 정상개별원가계산제도를 채택하고 있으며, 제조간접원가를 직접노무시간으로 배부하고 있다. 20×1년도 제조간접원가와 관련된 자료는 다음과 같다. 20×1년도 제조간접원가 과소배부액이 ₩1,000인 경우, 제조간접원가 실제 발생액은?

제조간접원가 예산	예정 직접노무시간	실제 직접노무시간
₩10,000	100시간	120시간

① ₩11,000
② ₩12,000
③ ₩13,000
④ ₩14,000

17

(주)한국은 평균법을 적용한 종합원가계산으로 제품원가를 계산하고 있다. 다음 자료를 이용한 (주)한국의 기말재공품 수량은?

- 기말재공품의 완성품환산량 단위당 원가: ₩200
- 기말재공품의 생산 완성도: 60%
- 기말재공품의 가공원가: ₩60,000
- 가공원가는 생산 완성도에 따라 균등하게 투입되고 있음
- 기초재공품과 공손 및 감손은 없음

① 300개
② 400개
③ 500개
④ 600개

18

(주)한국은 당기에 제1공정에서 결합원가 ₩120,000을 투입하여 결합제품 A, B, C를 생산하였다. A와 B는 분리점에서 각각 ₩100,000과 ₩80,000에 판매 가능하며, C는 분리점에서 판매 불가능하므로 추가가공원가 ₩60,000을 투입하여 ₩120,000에 판매한다. (주)한국이 균등이익률법으로 결합원가를 배부할 경우, C에 배부될 결합원가는?

① ₩12,000
② ₩48,000
③ ₩60,000
④ ₩72,000

19

「국가회계기준에 관한 규칙」에 대한 설명으로 옳지 않은 것은?

① 자산은 금융자산, 유 · 무형자산, 기타 자산으로 구분하여 표시하며, 유 · 무형자산은 일반유형자산, 사회기반시설, 무형자산으로 구분한다.
② 중앙관서 또는 기금의 순자산변동표는 기초순자산, 재정운영결과, 재원의 조달 및 이전, 조정항목, 기말순자산으로 구분하여 표시한다.
③ 무주부동산의 취득, 국가 외의 상대방과의 교환 또는 기부채납 등의 방법으로 자산을 취득한 경우에는 취득당시의 공정가액을 취득원가로 한다.
④ 국가회계실체 사이에 발생하는 관리전환은 유상거래일 경우에는 자산의 장부가액을 취득원가로 한다.

20

「지방자치단체 회계기준에 관한 규칙」에 대한 설명으로 옳은 것은?

① 부채는 유동부채, 장기차입부채, 장기충당부채 및 기타 비유동부채로 구분하여 재정상태표에 표시한다.
② 특정순자산은 주민편의시설, 사회기반시설 및 무형자산의 투자액에서 그 시설의 투자재원을 마련할 목적으로 조달한 장기차입금 및 지방채증권 등을 뺀 금액으로 한다.
③ 부채의 가액은 회계실체가 지급의무를 지는 채무액을 말하며, 채무액은 이 규칙에서 정하는 것을 제외하고는 만기상환가액으로 함을 원칙으로 한다.
④ 교환거래에 의한 비용은 가치의 이전에 대한 의무가 존재하고 그 금액을 합리적으로 측정할 수 있을 때에 인식한다.

목표시간 :
걸린시간 : :

01

재무보고를 위한 개념체계에 대한 설명으로 옳지 않은 것은?

① 보고기업의 경제적자원 및 청구권의 성격 및 금액에 대한 정보는 이용자들이 보고기업의 재무적 강점과 약점을 식별하는 데 도움을 줄 수 있다.
② 보고기업의 재무성과에 대한 정보는 그 기업의 경제적자원에서 해당 기업이 창출한 수익을 이용자들이 이해하는 데 도움을 준다.
③ 보고기업의 경제적자원 및 청구권은 채무상품이나 지분상품의 발행과 같이 재무성과 외의 사유로는 변동되지 않는다.
④ 한 기간의 보고기업의 현금흐름에 대한 정보는 이용자들이 기업의 미래 순현금유입 창출 능력을 평가하고 기업의 경제적자원에 대한 경영진의 수탁책임을 평가하는 데에도 도움이 된다.

02

재무제표의 표시에 대한 설명으로 옳지 않은 것은?

① 당기손익과 기타포괄손익은 단일의 포괄손익계산서에 두 부분으로 나누어 표시할 수 있지만 당기손익 부분을 별개의 손익계산서로 표시할 수 없다.
② 「한국채택국제회계기준」에 따라 작성된 재무제표(필요에 따라 추가공시한 경우 포함)는 공정하게 표시된 재무제표로 본다.
③ 「한국채택국제회계기준」에서 요구하거나 허용하지 않는 한 자산과 부채 그리고 수익과 비용은 상계하지 아니한다.
④ 재무제표가 「한국채택국제회계기준」의 요구사항을 모두 충족한 경우가 아니라면 주석에 「한국채택국제회계기준」을 준수하여 작성되었다고 기재하여서는 아니 된다.

03

(주)한국의 20X1년 재고자산 관련 자료가 다음과 같을 때, (주)한국의 20X1년 재고자산 매입액은? (단, 재고자산평가손실과 원가성 있는 재고자산감모손실은 포괄손익계산서의 매출원가에 포함한다.)

• 기초 재고자산	₩50,000
• 기말 장부상 재고자산 수량	110단위
• 기말 실제 재고자산 수량	100단위
• 기말 장부상 재고자산의 단위당 원가	₩1,000
• 기말 재고자산의 단위당 순실현가능가치	₩950
• 20X1년 포괄손익계산서상 매출원가	₩651,000
• 재고자산감모손실 중 40%는 원가성 없음	

① ₩689,000
② ₩694,000
③ ₩700,000
④ ₩702,000

04

(주)한국은 20X1년 초에 토지를 새로 구입한 후, 토지 위에 새로운 사옥을 건설하기로 하였다. 이를 위해 토지 취득 후 토지 위에 있는 창고건물을 철거하였다. 토지의 취득 후 바로 공사를 시작하였으며, 토지 취득 및 신축 공사와 관련된 지출내역은 다음과 같다. 20X1년 12월 31일 현재 사옥 신축공사가 계속 진행 중이라면 건설중인자산으로 계상할 금액은?

• 토지의 구입가격	₩20,000
• 토지의 구입에 소요된 부대비용	₩1,300
• 토지 위의 창고 철거비용	₩900
• 새로운 사옥의 설계비	₩2,000
• 기초공사를 위한 땅 굴착비용	₩500
• 건설자재 구입비용	₩4,000
• 건설자재 구입과 직접 관련된 차입금에서 발생한 이자	₩150
• 건설 근로자 인건비	₩1,700

① ₩8,200
② ₩8,350
③ ₩9,100
④ ₩9,250

05

상품매매기업의 재고자산에 대한 설명으로 옳지 않은 것은? (단, 재고자산에 대한 감모(평가)손실, 매입할인은 없다.)

① 계속기록법을 적용할 경우, 재고자산 관련 기말 수정분개는 필요 없다.

② 실지재고조사법을 적용할 경우, 수정전시산표상 재고자산 금액은 재무상태표상 기초 재고자산 금액과 동일하다.

③ 계속기록법을 적용할 경우, 기중에도 재고자산의 수량과 단가를 상시적으로 파악할 수 있다.

④ 실지재고조사법을 적용할 경우, 매입계정을 재고자산 취득 시 차변에 기록하고 재고자산 판매 시 대변에 기록한다.

06

단일제품을 생산 · 판매하는 (주)한국은 20×1년에 영업을 시작하여 당해 연도에 제품 200단위를 단위당 ₩1,000에 판매하였다. (주)한국의 20×1년도 공헌이익률이 40%, 영업레버리지도가 5일 때, 손익분기점 판매량은?

① 100단위

② 120단위

③ 140단위

④ 160단위

07

「국가회계기준에 관한 규칙」에 대한 설명으로 옳지 않은 것은?

① 국채 및 공채는 국채등 발행수수료 및 발행과 관련하여 직접 발생한 비용을 뺀 발행가액으로 평가한다.

② 파생상품은 공정가액으로 평가하여 해당 계약에 따라 발생한 권리와 의무를 각각 자산 및 부채로 계상한다.

③ 화폐성 외화부채는 재정상태표일 현재의 적절한 환율로 평가한다.

④ 사회기반시설에 대한 사용수익권은 부채로 표시한다.

08

다음은 지방자치단체 A의 20X1년 재무제표 작성을 위한 자료이다.

• 사업총원가	₩200,000
• 일반수익	₩40,000
• 비배분수익	₩20,000
• 비배분비용	₩30,000
• 관리운영비	₩50,000
• 사업수익	₩70,000

20X1년 지방자치단체 A의 재정운영표상 재정운영결과는?

① ₩130,000

② ₩150,000

③ ₩160,000

④ ₩190,000

09

(주)한국은 20X1년 1월 1일 액면금액이 ₩1,000,000인 사채(액면이자율 8%, 만기 3년)를 ₩950,263에 발행하였다. (주)한국이 발행한 사채와 관련한 설명으로 옳지 않은 것은? (단, 액면이자는 매년 말 지급하고, 원금은 만기에 일시 상환한다.)

① 사채발행 시 액면이자율이 시장이자율보다 낮다.
② 매년 인식해야 할 이자비용은 증가한다.
③ 만기까지 인식해야 할 이자비용의 총액은 ₩240,000이다.
④ 이자비용으로 지출하는 현금은 매년 ₩80,000으로 일정하다.

10

(주)한국의 20X1년 초 재무상태표상 자산총액 ₩800,000, 부채총액 ₩500,000이다. 다음 거래 내역과 관련 결산조정사항을 반영한 20X1년 말 재무상태표상 자산총액과 부채총액을 바르게 연결한 것은? (단, 기간은 월할 계산한다.)

일자	거래 내역
3월 1일	1년치 화재보험료 ₩120,000 현금 지급하고 전액 비용 인식
8월 1일	1년치 건물임대료 ₩240,000 현금 수취하고 전액 수익 인식

	자산총액	부채총액
①	₩560,000	₩380,000
②	₩920,000	₩500,000
③	₩940,000	₩640,000
④	₩1,040,000	₩620,000

11

무형자산의 회계처리에 대한 설명으로 옳지 않은 것은?

① 무형자산을 최초로 인식할 때에는 원가로 측정한다.
② 무형자산이란 물리적 실체는 없지만 식별할 수 있는 비화폐성자산이다.
③ 내부적으로 창출한 영업권은 자산으로 인식하지 아니한다.
④ 연구(또는 내부 프로젝트의 연구단계)에 대한 지출은 무형자산으로 인식한다.

12

(주)한국은 20X1년 10월 1일 기계장치를 ₩80,000(내용연수 5년, 잔존가치 ₩5,000, 연수합계법, 월할 상각)에 취득하였다. 동 기계장치를 20X3년 3월 31일 ₩40,000에 처분할 경우, 처분시점의 장부금액과 처분손익을 바르게 연결한 것은? (단, 기계장치는 원가모형을 적용하고 손상차손은 발생하지 않았다.)

	장부금액	처분손익
①	₩35,000	손실 ₩5,000
②	₩35,000	이익 ₩5,000
③	₩45,000	손실 ₩5,000
④	₩45,000	이익 ₩5,000

13

(주)한국은 보조부문(S1, S2)과 제조부문(P1, P2)을 가지고 있고, 보조부문 원가들을 제조부문으로 배부한다. 다음 자료에 의하여 보조부문원가를 단계배분법으로 배부할 경우, 배부 후 제조부문 P1의 원가합계는? (단, S1을 먼저 배부한다.)

구분		보조부문		제조부문	
		S1	S2	P1	P2
부문원가		₩100,000	₩200,000	₩300,000	₩400,000
서비스 제공 비율	S1	–	30%	40%	30%
	S2	40%	–	30%	30%

① ₩309,000
② ₩400,000
③ ₩409,000
④ ₩455,000

14

자본에 관한 설명 중 옳지 않은 것은?

① 자본조정은 당해 항목의 성격상 자본거래에 해당하지만, 자본의 차감 성격을 가지는 것으로 자본금이나 자본잉여금으로 처리할 수 없는 누적적 적립금의 성격을 갖는 계정이다.
② 상환우선주의 보유자가 발행자에게 상환을 청구할 수 있는 권리를 보유하고 있는 경우, 이 상환우선주는 자본으로 분류하지 않는다.
③ 자본잉여금은 납입된 자본 중에서 액면금액을 초과하는 금액 또는 주주와의 자본거래에서 발생하는 잉여금을 처리하는 계정이다.
④ 기타포괄손익누계액 중 일부는 당기손익으로의 재분류조정 과정을 거치지 않고 직접 이익잉여금으로 대체할 수 있다.

15

다음은 (주)한국의 20X1년 상품매매와 관련한 자료이다.

• 매출액	₩7,500
• 기초매입채무	₩500
• 기말매입채무	₩3,000
• 기초상품재고액	₩2,000
• 기말상품재고액	₩1,000

(주)한국이 매출원가의 50%를 이익으로 가산하여 상품을 판매할 경우, 20X1년 상품매입을 위한 현금 유출액은?

① ₩1,500
② ₩2,500
③ ₩3,000
④ ₩5,000

16

다음 자료를 이용한 (주)한국의 당기순이익은?

○ 기초총자산	₩400,000
○ 기말총자산	₩200,000
○ 매출액순이익률	20%
○ 총자산회전율(평균총자산 기준)	5회

① ₩150,000
② ₩200,000
③ ₩300,000
④ ₩350,000

17

고객과의 계약에서 생기는 수익에서 측정에 대한 설명으로 옳지 않은 것은?

① 기업이 받을 권리를 갖게 될 변동대가(금액)에 미치는 불확실성의 영향을 추정할 때에는 그 계약 전체에 하나의 방법을 일관되게 적용한다.

② 거래가격은 고객에게 약속한 재화나 용역을 이전하고 그 대가로 기업이 받을 권리를 갖게 될 것으로 예상하는 금액이며, 제삼자를 대신해서 회수한 금액도 포함된다.

③ 거래가격을 산정하기 위하여 기업은 재화나 용역을 현행 계약에 따라 약속대로 고객에게 이전할 것이고 이 계약은 취소 · 갱신 · 변경되지 않을 것이라고 가정한다.

④ 계약에서 약속한 대가에 변동금액이 포함된 경우에 고객에게 약속한 재화나 용역을 이전하고 그 대가로 받을 권리를 갖게 될 금액을 추정한다.

18

회계정책, 회계추정의 변경, 오류의 수정에 대한 설명으로 옳지 않은 것은?

① 회계정책의 변경은 특정기간에 미치는 영향이나 누적효과를 실무적으로 결정할 수 없는 경우를 제외하고는 소급적용한다.

② 회계정책의 변경과 회계추정의 변경을 구분하는 것이 어려운 경우에는 이를 회계정책의 변경으로 본다.

③ 측정기준의 변경은 회계추정의 변경이 아니라 회계정책의 변경에 해당한다.

④ 전기오류는 특정기간에 미치는 오류의 영향이나 오류의 누적효과를 실무적으로 결정할 수 없는 경우를 제외하고는 소급재작성에 의하여 수정한다.

19

원가행태에 대한 설명으로 옳지 않은 것은?

① 월급제로 급여를 받는 경우, 작업자가 받는 급여는 노무시간에 비례하지 않지만, 총생산량에 따라 작업자의 인원을 조정할 수 있으면 총노무원가는 계단원가가 된다.

② 제품수준(유지)원가는 제품 생산량과 무관하게 제품의 종류 수 등 제품수준(유지)원가동인에 비례하여 발생한다.

③ 고정제조간접원가가 발생하는 기업에서 전부원가계산을 채택하면 생산량이 많아질수록 제품단위당 이익은 크게 보고된다.

④ 초변동원가계산에서는 직접재료원가와 직접노무원가를 제품원가로 재고화하고 제조간접원가는 모두 기간비용으로 처리한다.

20

다음은 (주)한국의 20X1년 원가자료이다. 20X1년 중 기초원가는 ₩30,000이고, 전환(가공)원가가 직접재료원가의 50%이며, 제조간접원가는 ₩6,000이다. (주)한국의 20X1년 매출원가는?

구분	기초	기말
재공품	₩3,500	₩2,500
제품	₩4,000	₩6,000

① ₩30,000

② ₩32,000

③ ₩35,000

④ ₩37,000

제 3 회 베스트 모의고사

목표시간 :
걸린시간 : :

01

재무보고를 위한 개념체계에서 측정에 대한 설명으로 옳지 않은 것은?

① 자산을 취득하거나 창출할 때의 역사적 원가는 자산의 취득 또는 창출에 발생한 원가의 가치로서, 자산을 취득 또는 창출하기 위하여 지급한 대가와 거래원가를 포함한다.

② 사용가치와 이행가치는 시장참여자의 가정보다는 기업 특유의 가정을 반영한다.

③ 공정가치는 부채를 발생시키거나 인수할 때 발생한 거래원가로 인해 감소하며, 부채의 이전 또는 결제에서 발생할 거래원가를 반영한다.

④ 자산의 현행원가는 측정일 현재 동등한 자산의 원가로서 측정일에 지급할 대가와 그 날에 발생할 거래원가를 포함한다.

02

재무제표 표시에 대한 설명으로 옳지 않은 것은?

① 보고기간 말 이전에 장기차입약정을 위반했을 때 대여자가 즉시 상환을 요구할 수 있는 채무는 보고기간 후 재무제표 발행승인일 전에 채권자가 약정위반을 이유로 상환을 요구하지 않기로 합의하더라도 유동부채로 분류한다.

② 기타포괄손익의 항목(재분류조정 포함)과 관련한 법인세비용 금액은 포괄손익계산서나 주석에 공시한다.

③ 비용의 성격별 분류는 기능별 분류보다 재무제표이용자에게 더욱 목적적합한 정보를 제공할 수 있지만 비용을 성격별로 배분하는데 자의적인 배분과 상당한 정도의 판단이 개입될 수 있다.

④ 재분류조정은 포괄손익계산서나 주석에 표시할 수 있으며, 재분류조정을 주석에 표시하는 경우에는 관련 재분류조정을 반영한 후에 기타포괄손익의 항목을 표시한다.

03

(주)한국은 보험료 지급 시 전액을 자산으로 회계처리하며 20X1년 재무상태표상 기초와 기말 선급보험료는 각각 ₩200,000과 ₩310,000이다. 20X1년 중 보험료를 지급하면서 자산으로 회계처리한 금액이 ₩1,030,000이라면, 20X1년 포괄손익계산서상 보험료 비용은?

① ₩520,000

② ₩920,000

③ ₩1,030,000

④ ₩1,140,000

04

(주)한국은 20X1년 7월 1일 영업용 차량운반구(원가모형 적용, 내용연수 5년, 연수합계법 감가상각, 잔존가치 ₩100,000)를 ₩1,000,000에 취득하여 즉시 사용하고 있다. (주)한국이 동 차량운반구를 20X2년 10월 1일 현금 ₩700,000을 받고 처분했을 경우, 20X2년도 당기순이익에 미치는 영향은? (단, 기간은 월할 계산한다.)

① ₩60,000 증가

② ₩120,000 증가

③ ₩150,000 감소

④ ₩200,000 감소

05

재고자산에 대한 설명으로 옳지 않은 것은?

① 재고자산은 취득원가와 순실현가능가치 중 낮은 금액으로 측정하고, 취득원가는 매입원가, 전환원가 및 재고자산을 현재의 장소에 현재의 상태로 이르게 하는 데 발생한 기타 원가 모두를 포함한다.

② 재고자산을 순실현가능가치로 감액하는 저가법은 항목별로 적용한다. 그러나 경우에 따라서는 서로 비슷하거나 관련된 항목들을 통합하여 적용하는 것이 적절할 수 있다.

③ 재고자산의 순실현가능가치가 상승한 증거가 명백한 경우 최초의 장부금액을 초과하지 않는 범위 내에서 평가손실을 환입한다. 그 결과 새로운 장부금액은 취득원가와 수정된 순실현가능가치 중 큰 금액이 된다.

④ 순실현가능가치의 상승으로 인한 재고자산 평가손실의 환입은 환입이 발생한 기간의 비용으로 인식된 재고자산 금액의 차감액으로 인식한다.

06

다음의 분개장 기록 내역 중 시산표 작성을 통해 항상 자동으로 발견되는 오류만을 모두 고르면?

ㄱ. 기계장치를 ₩800,000에 처분하고, '(차)현금 ₩800,000/(대)기계장치 ₩80,000'으로 분개하였다.
ㄴ. 건물을 ₩600,000에 처분하고, '(차)현금 ₩600,000/(대)토지 ₩600,000'으로 분개하였다.
ㄷ. 토지를 ₩300,000에 처분하고, '(차)토지 ₩300,000/(대)현금 ₩300,000'으로 분개하였다.
ㄹ. 신입사원과 월 ₩500,000에 고용계약을 체결하고, '(차)급여 ₩500,000/(대)미지급비용 ₩500,000'으로 분개하였다.

① ㄱ
② ㄱ, ㄹ
③ ㄱ, ㄴ, ㄷ
④ ㄱ, ㄴ, ㄷ, ㄹ

07

(주)한국의 20X1년 초 자산과 부채 총계는 각각 ₩5,000,000과 ₩2,000,000이며, 20X1년 중 발생한 자본 관련 거래는 다음과 같다.

○ 3월 20일: 현금배당 ₩100,000을 결의하였으며, 현금배당의 10%를 이익준비금으로 적립하였다.
○ 4월 1일: 3월 20일 결의한 현금배당 ₩100,000을 주주에게 지급하였다.
○ 7월 15일: 보통주 100주(주당 액면금액 ₩500)를 주당 ₩800에 발행하였다.
○ 8월 20일: 자기주식 30주를 최초로 취득(주당 취득금액 ₩700)하였다.
○ 9월 20일: 자기주식 20주를 매각(주당 매각금액 ₩750)하였다.

(주)한국이 20X1년도 포괄손익계산서상 당기순이익과 총포괄이익으로 각각 ₩100,000과 ₩30,000을 보고했다면, 20X1년 말의 재무상태표상 자본 총계는?

① ₩2,994,000
② ₩3,004,000
③ ₩3,016,000
④ ₩3,104,000

08

자산의 감가상각 및 상각에 대한 설명으로 옳지 않은 것은?

① 유형자산을 구성하는 일부의 원가가 당해 유형자산의 전체 원가에 비교하여 유의적이라면, 해당 유형자산을 감가상각할 때 그 부분은 별도로 구분하여 감가상각한다.

② 내용연수가 유한한 무형자산의 상각기간과 상각방법은 적어도 매 회계연도 말에 검토한다.

③ 내용연수가 비한정적인 무형자산에 대해 상각비를 인식하지 않는다.

④ 정액법을 적용하여 상각하던 기계장치가 운휴상태가 되면 감가상각비를 인식하지 않는다.

09

상각후원가측정금융부채로 분류하는 사채의 회계처리에 대한 설명으로 옳지 않은 것은?

① 사채발행시 사채발행비가 발생한 경우의 유효이자율은 사채발행비가 발생하지 않는 경우보다 높다.
② 사채의 액면이자율이 시장이자율보다 낮은 경우 사채를 할인발행하게 된다.
③ 사채를 할증발행한 경우 사채의 장부금액은 시간이 흐를수록 감소한다.
④ 사채의 할인발행과 할증발행의 경우 사채발행차금 상각액이 모두 점차 감소한다.

10

충당부채, 우발부채 및 우발자산에 대한 설명으로 옳지 않은 것은?

① 충당부채는 결제에 필요한 미래 지출의 시기 또는 금액에 불확실성이 있다는 점에서 매입채무와 미지급비용과 같은 그 밖의 부채와 구별된다.
② 과거사건에 의하여 발생하였으나, 기업이 전적으로 통제할 수 없는 하나 이상의 불확실한 미래사건의 발생 여부에 의하여서만 그 존재가 확인되는 잠재적 의무는 충당부채로 처리한다.
③ 우발자산은 미래에 전혀 실현되지 않을 수도 있는 수익을 인식하는 결과를 가져올 수 있기 때문에 재무제표에 인식하지 아니한다.
④ 충당부채의 인식요건인 현재의 의무는 법적의무 뿐만 아니라 의제의무도 포함한다.

11

20X1년 1월 1일 (주)한국의 매출채권에 대한 손실충당금 잔액은 ₩10,000이다. (주)한국은 20X1년 중 ₩20,000의 매출채권을 회수불능으로 판단하여 장부에서 제거하였다. 20X1년 말 매출채권 잔액은 ₩700,000이며, 기대신용손실은 ₩40,000으로 추정하였다. (주)한국이 20X1년도 포괄손익계산서에 인식할 손상차손은?

① ₩10,000
② ₩20,000
③ ₩40,000
④ ₩50,000

12

고객과의 계약에서 생기는 수익에 대한 설명으로 옳지 않은 것은?

① 고객과의 계약에서 식별되는 수행의무는 계약에 분명히 기재한 재화나 용역에만 한정되지 않을 수 있다.
② 계약을 이행하기 위해 해야 하지만 고객에게 재화나 용역을 이전하는 활동이 아니라면 그 활동은 수행의무에 포함되지 않는다.
③ 수익인식 5단계 순서는 '수행의무 식별 → 고객과의 계약 식별 → 거래가격 산정 → 거래가격을 계약 내 수행의무에 배분 → 수행의무를 이행할 때 수익 인식'이다.
④ 거래가격은 고객에게 약속한 재화나 용역을 이전하고 그 대가로 기업이 받을 권리를 갖게 될 것으로 예상하는 금액이며, 제삼자를 대신해서 회수한 금액은 제외한다.

13

현금흐름표에 관한 설명으로 옳지 않은 것은?

① 현금흐름표는 일정시점의 현금유입액과 현금유출액에 대한 정보를 제공하는 재무제표이다.
② 현금흐름표상의 현금흐름은 영업활동으로 인한 현금흐름, 투자활동으로 인한 현금흐름, 재무활동으로 인한 현금흐름으로 분류된다.
③ 현금흐름표는 다른 재무제표와 같이 사용되는 경우 순자산의 변화, 재무구조(유동성과 지급능력 포함), 그리고 변화하는 상황과 기회에 적응하기 위하여 현금흐름의 금액과 시기를 조절하는 능력을 평가하는 데 유용한 정보를 제공한다.
④ 역사적 현금흐름정보는 미래현금흐름의 금액, 시기 및 확실성에 대한 지표로 자주 사용된다. 또한 과거에 추정한 미래현금흐름의 정확성을 검증하고, 수익성과 순현금흐름 간의 관계 및 물가변동의 영향을 분석하는 데 유용하다.

14

(주)한국은 20X1년부터 상품 A(단위당 판매가 ₩100,000, 단위당 매입원가 ₩60,000)의 위탁판매를 시작하면서, 수탁자에게 단위당 ₩10,000의 판매수수료를 지급하기로 하였다. 20X1년 (주)한국이 수탁자에게 적송한 상품 A는 100개이며, 적송운임 ₩40,000은 (주)한국이 부담하였다. 수탁자는 이 중 50개를 20X1년에 판매하였다. 20X1년 (주)한국이 상품 A의 위탁판매와 관련하여 인식할 당기이익은?

① ₩1,460,000
② ₩1,480,000
③ ₩1,500,000
④ ₩2,960,000

15

다음 자료를 이용한 제조간접원가는?

ㅇ 기초원가	₩350,000
ㅇ 기초재공품	₩150,000
ㅇ 기말재공품	₩300,000
ㅇ 당기제품제조원가	₩500,000

① ₩250,000
② ₩300,000
③ ₩350,000
④ ₩400,000

16

(주)한국은 활동기준원가계산제도를 채택하고 있으며, 제조활동과 관련된 자료는 다음과 같다.

활동	원가동인	최대활동량	총원가
제품준비	제품준비 횟수	100회	₩200,000
기계이용	기계작업 시간	200시간	₩600,000
검사	검사수행 횟수	200회	₩400,000

제조제품 중 하나인 제품 A와 관련된 자료가 다음과 같은 경우, 제품 A의 총원가는?

기초원가	제품준비 횟수	기계작업 시간	검사수행 횟수
₩20,000	20회	20시간	10회

① ₩110,000
② ₩125,000
③ ₩140,000
④ ₩210,000

17

(주)한국은 단일제품을 대량으로 생산하고 있으며, 종합원가계산을 적용하고 있다. 원재료는 공정 초기에 투입되고 전환(가공)원가는 공정 전반에 걸쳐 균등하게 발생하며, 20X1년 3월의 생산자료는 다음과 같다.

- 3월 초 재공품 재고는 2,000개이고 완성도는 60%이다.
- 3월 중 생산에 착수한 물량은 18,000개이고 3월 말까지 15,000개를 완성했다.
- 3월 말 재공품 재고는 3,000개이고 완성도는 70%이다.

(주)한국은 선입선출법을 적용하고 있으며, 공정의 50% 시점에서 품질검사를 하고 있다. 정상공손은 품질검사에 합격한 수량의 10%로 하고 있을 때, 정상공손수량은?

① 1,500개
② 1,600개
③ 1,700개
④ 1,800개

18

(주)한국은 표준원가계산을 적용하고 있으며, 20X1년 직접재료원가와 관련된 자료는 다음과 같다. (주)한국의 실제 제품 생산량은?

○ 실제 발생 직접재료원가	₩3,000
○ 직접재료 kg당 실제 구입원가	₩30
○ 직접재료원가 가격차이	₩1,000 유리
○ 직접재료원가 수량차이	₩800 유리
○ 제품 개당 직접재료의 표준투입량	10kg

① 10개
② 12개
③ 30개
④ 40개

19

「국가회계기준에 관한 규칙」상 자산과 부채의 평가에 대한 설명으로 옳지 않은 것은?

① 재정상태표에 표시하는 자산의 가액은 해당 자산의 취득원가를 기초로 하여 계상한다.
② 국채 및 공채는 국채등 발행수수료 및 발행과 관련하여 직접 발생한 비용을 뺀 발행가액으로 평가한다.
③ 일반유형자산은 해당 자산의 건설원가 또는 매입가액에 부대비용을 더한 금액을 취득원가로 하고, 객관적이고 합리적인 방법으로 추정한 기간에 정액법 등을 적용하여 감가상각한다.
④ 국가회계실체 사이에 발생하는 관리전환은 무상거래일 경우에는 자산의 공정가액을 취득원가로 하고, 유상거래일 경우에는 자산의 장부가액을 취득원가로 한다.

20

「지방자치단체 회계기준에 관한 규칙」상 자산·부채의 평가에 대한 설명으로 옳지 않은 것은?

① 회계실체 간 재산 이관이나 물품 소관의 전환으로 취득한 자산의 가액은, 무상거래일 경우에는 자산의 장부가액으로 하고 유상거래일 경우에는 자산의 공정가액으로 한다.
② 재정상태표에 기재하는 자산은 자산의 진부화, 물리적인 손상 및 시장가치의 급격한 하락 등의 원인으로 인하여 해당 자산의 회수가능가액이 장부가액에 미달하고 그 미달액이 중요한 경우에는 이를 장부가액에서 직접 차감하여 회수가능가액으로 조정하고 감액내역을 주석으로 공시한다.
③ 장기연불조건의 매매거래, 장기금전대차거래 또는 이와 유사한 거래에서 발생하는 채권·채무로서 명목가액과 현재가치의 차이가 중요한 경우에는 이를 현재가치로 평가한다.
④ 우발상황은 미래에 어떤 사건이 발생하거나 발생하지 아니함으로 인하여 궁극적으로 확정될 손실 또는 이익으로서 발생여부가 불확실한 현재의 상태 또는 상황을 말하며, 재정상태표 보고일 현재 우발손실의 발생이 확실하고 그 손실금액을 합리적으로 추정할 수 있는 경우 우발손실을 재무제표에 반영하고 그 내용을 주석으로 표시한다.

제 4 회 베스트 모의고사

목표시간 :
걸린시간 : :

01

다음은 중앙관서A의 기업특별회계(사업형 회계) 프로그램 관련 자료이다. 중앙관서 A의 프로그램별 재정운영표에 대한 설명으로 옳지 않은 것은?

(단위: ₩)

세출		재무계정과목	금액	비고
프로그램/단위사업	목			
물자 및 시설조달	연구개발비	연구개발비	30,000	프로그램 총원가
	–	감가상각비	1,000	프로그램 총원가
전자조달 운영	인건비	인건비	500	프로그램 총원가
–	–	감가상각비	300	비배분 비용
	–	자산처분손실	200	비배분 비용
조달행정 지원	인건비	인건비	40,000	행정운영성 경비

세입(목)	재무계정과목	금액	관련 프로그램	비고
내자구매 사업수입	재화및용역 제공수익	20,000	물자 및 시설조달	프로그램 수익
토지 대여료	재화및용역 제공수익	1,000	–	비배분 수익
위약금	제재금수익	1,000	–	비교환 수익

① 프로그램순원가는 ₩11,500이다.
② 관리운영비는 ₩40,000이다.
③ 재정운영순원가는 ₩51,500이다.
④ 재정운영결과는 ₩50,000이다.

02

「국가회계기준에 관한 규칙」과 「지방자치단체 회계기준에 관한 규칙」에 대한 설명으로 옳지 않은 것은?

① 「국가회계기준에 관한 규칙」에 따르면 사회기반시설 중 관리 · 유지 노력에 따라 취득 당시의 용역 잠재력을 그대로 유지할 수 있는 시설에 대해서는 감가상각하지 아니하고 관리 · 유지에 투입되는 비용으로 감가상각비용을 대체할 수 있다.
② 「지방자치단체 회계기준에 관한 규칙」에 따르면 자산은 유동자산, 투자자산, 일반유형자산, 주민편의시설, 사회기반시설, 기타비유동자산으로 분류한다.
③ 「지방자치단체 회계기준에 관한 규칙」에 따르면 무형자산은 정액법에 따라 당해 자산을 사용할 수 있는 시점부터 합리적인 기간 동안 상각한다. 다만, 독점적 · 배타적인 권리를 부여하는 관계 법령이나 계약에서 정한 경우를 제외하고는 20년을 넘을 수 없다.
④ 「국가회계기준에 관한 규칙」에 따르면 현재 세대와 미래 세대를 위하여 정부가 영구히 보존하여야 할 자산으로서 역사적, 자연적, 문화적, 교육적 및 예술적으로 중요한 가치를 갖는 자산은 무형자산으로 인식한다.

03

(주)한국의 수정후시산표상 자산, 부채, 수익, 비용, 자본금 금액이 다음과 같을 때, 기초이익잉여금은?

계정과목	금액	계정과목	금액
매출	₩120,000	현금	₩130,000
매출원가	₩100,000	재고자산	₩200,000
급여	₩50,000	매입채무	₩170,000
선급비용	₩70,000	미지급금	₩50,000
미지급비용	₩80,000	미수수익	₩50,000
자본금	₩40,000	기초이익잉여금	?

① ₩40,000
② ₩110,000
③ ₩140,000
④ ₩300,000

04

재무보고를 위한 개념체계에서 유용한 재무정보의 질적 특성에 대한 설명으로 옳지 않은 것은?

① 중립적 서술은 재무정보의 선택이나 표시에 편의가 없는 것이다.
② 재무정보가 유용하기 위해서는 목적적합해야 하고 나타내고자 하는 바를 충실하게 표현해야 한다.
③ 완전한 서술은 필요한 기술과 설명을 포함하여 이용자가 서술되는 현상을 이해하는 데 필요한 모든 정보를 포함하는 것이다.
④ 오류가 없는 서술이란 현상의 기술에 오류나 누락이 없고, 재무보고 정보를 생산하는 데 사용되는 절차의 선택과 적용시 절차상 오류가 없으며, 서술의 모든 면이 완벽하게 정확하다는 것을 의미한다.

05

재고자산에 대한 설명으로 옳지 않은 것은?

① 통상적인 영업과정에서 판매를 위하여 보유 중이거나 생산 중인 자산은 재고자산에 해당한다.
② 생산이나 용역제공에 사용될 원재료나 소모품은 재고자산에 해당한다.
③ 외부에서 매입하여 재판매하기 위해 보유하는 상품은 재고자산에 해당하지 않는다.
④ 토지도 기업의 주된 영업활동에 따라 재고자산에 해당될 수 있다.

06

(주)한국의 20X1년 매출채권 관련 자료가 다음과 같을 때, 20X1년에 인식할 손상차손은?

- 20X1년 초 매출채권에 대한 손실충당금 잔액은 ₩30,000이다.
- 20X1년 중 매출채권 ₩60,000이 회수불능으로 확정되었다.
- 20X1년 말 매출채권 잔액은 ₩500,000이며, 동 매출채권에 대하여 추정한 기대신용손실액은 ₩20,000이다.

① ₩20,000
② ₩30,000
③ ₩50,000
④ ₩60,000

07

다음은 (주)한국이 20X1년과 20X2년에 (주)대한의 지분상품을 거래한 내용이다.

20X1년			20X2년
취득금액	매입수수료	기말 공정가치	처분금액
₩1,000	₩50	₩1,100	₩1,080

동 지분상품을 당기손익-공정가치 측정 금융자산 또는 기타포괄손익-공정가치 측정 금융자산으로 분류하였을 경우, 옳지 않은 것은?

① 당기손익-공정가치 측정 금융자산으로 분류할 경우, 20X1년 당기이익이 ₩50 증가한다.

② 기타포괄손익-공정가치 측정 금융자산으로 분류할 경우, 20X1년 기타포괄손익누계액이 ₩50 증가한다.

③ 당기손익-공정가치 측정 금융자산으로 분류할 경우, 20X2년 당기이익이 ₩20 감소한다.

④ 기타포괄손익-공정가치 측정 금융자산으로 분류할 경우, 20X2년 기타포괄손익누계액이 ₩30 감소한다.

08

충당부채에 대한 설명으로 옳지 않은 것은?

① 충당부채로 인식하는 금액은 현재의무를 보고기간 말에 이행하기 위하여 필요한 지출에 대한 최선의 추정치이어야 한다.

② 미래의 예상 영업손실은 충당부채로 인식하지 아니한다.

③ 현재의무를 이행하기 위하여 필요한 지출 금액에 영향을 미치는 미래 사건이 일어날 것이라는 충분하고 객관적인 증거가 있는 경우에도, 그 미래 사건을 고려하여 충당부채 금액을 추정하지 않는다.

④ 화폐의 시간가치 영향이 중요한 경우에 충당부채는 의무를 이행하기 위하여 예상되는 지출액의 현재가치로 평가한다.

09

유형자산 재평가모형에 대한 설명으로 옳지 않은 것은?

① 최초 인식 후에 공정가치를 신뢰성 있게 측정할 수 있는 유형자산은 재평가일의 공정가치에서 이후의 감가상각누계액과 손상차손누계액을 차감한 재평가금액을 장부금액으로 한다.

② 자산의 장부금액이 재평가로 인하여 증가된 경우에 그 증가액은 기타포괄손익으로 인식하고 재평가잉여금의 과목으로 자본에 가산한다. 그러나 동일한 자산에 대하여 이전에 당기손익으로 인식한 재평가감소액이 있다면, 그 금액을 한도로 재평가증가액만큼 당기손익으로 인식한다.

③ 자산의 장부금액이 재평가로 인하여 감소된 경우에 그 감소액은 기타포괄손익으로 인식한다. 그러나 그 자산에 대한 재평가잉여금의 잔액이 있다면 그 금액을 한도로 재평가감소액을 당기손익으로 인식한다.

④ 특정 유형자산을 재평가할 때, 해당 자산이 포함되는 유형자산의 유형 전체를 재평가한다.

10

(주)한국이 20X1년 초 투자목적으로 취득한 건물과 관련된 자료는 다음과 같다.

- 취득원가: ₩50,000
- 내용연수: 5년
- 잔존가치: ₩0
- 감가상각방법: 정액법
- 20X1년 말 공정가치: ₩60,000

(주)한국이 해당 건물에 대하여 원가모형과 공정가치모형을 각각 적용하였을 경우, 20X1년도 당기순이익에 미치는 영향을 바르게 연결한 것은?

	원가모형	공정가치모형
①	₩0	₩0
②	₩10,000 감소	₩20,000 증가
③	₩10,000 감소	₩10,000 증가
④	₩20,000 증가	₩20,000 감소

11

무형자산에 대한 설명으로 옳은 것은?

① 무형자산의 회계처리는 내용연수에 따라 다르다. 내용연수가 유한한 무형자산은 상각하고, 내용연수가 비한정인 무형자산은 상각하지 아니한다.
② 무형자산을 창출하기 위한 내부 프로젝트를 연구단계와 개발단계로 구분할 수 없는 경우에는 그 프로젝트에서 발생한 지출은 모두 개발단계에서 발생한 것으로 본다.
③ 무형자산의 내용연수는 자산의 내용연수를 추정하는 시점에 평가된 표준적인 성능수준을 유지하기 위하여 필요한 지출을 초과하는 계획된 미래지출이 예상되는 경우 비한정으로 판단한다.
④ 내용연수가 유한한 무형자산은 그 자산을 더 이상 사용하지 않을 때에는 상각을 중지한다.

12

원가의 분류에 대한 설명으로 옳지 않은 것은?

① 기초원가와 전환(가공)원가에 공통으로 포함되는 원가는 직접노무원가이다.
② 매몰원가는 경영자가 통제할 수 있는 원가로서 의사결정과 관련이 있는 원가이다.
③ 변동원가와 고정원가의 구분은 원가행태에 대한 가정이 유지되는 관련범위 내에서 유효하다.
④ 발생한 원가를 원가대상별로 추적할 수 있는가에 따라서 직접원가와 간접원가로 분류된다.

13

(주)한국은 제조부문인 조립부문과 도장부문이 있으며, 보조부문으로 전력부문이 있다. 20X1년 3월 중에 부문별로 발생한 제조간접원가와 제조부문이 사용한 전력의 실제사용량과 최대사용가능량은 다음과 같다. 한편, 전력부문에서 발생한 제조간접원가 ₩325,000은 변동원가가 ₩100,000이고, 고정원가는 ₩225,000이다.

구분	전력부문	조립부문	도장부문	합계
제조간접원가	₩325,000	₩250,000	₩400,000	₩975,000
실제 사용량		300kW	700kW	1,000kW
최대사용가능량		500kW	1,000kW	1,500kW

(주)한국이 이중배분율법을 적용하여 보조부문원가를 제조부문에 배부할 때, 조립부문에 배분되는 전력부문의 원가는?

① ₩97,500
② ₩105,000
③ ₩108,330
④ ₩120,000

14

'고객과의 계약에서 생기는 수익'에서 계약의 식별기준으로 옳지 않은 것은?

① 계약 당사자들이 계약을 승인하고 각자의 의무를 수행하기로 확약한다.
② 계약의 결과로 기업의 미래 현금흐름의 위험, 시기, 금액이 변동되지 않을 것으로 예상된다.
③ 이전할 재화나 용역과 관련된 각 당사자의 권리와 지급조건을 식별할 수 있다.
④ 고객에게 이전할 재화나 용역에 대하여 받을 권리를 갖게 될 대가의 회수 가능성이 높다.

15

(주)한국은 종합원가계산제도를 채택하고 있으며, 가중평균법을 적용하고 있다. 다음의 자료를 이용한 완성품원가는?

> ㅇ 기초 재공품 수량: 300단위(완성도: 직접재료원가 100%, 가공원가 50%)
> ㅇ 기초 재공품 원가: 직접재료원가 ₩5,000, 가공원가 ₩4,000
> ㅇ 당기 착수량: 2,200단위
> ㅇ 당기 투입원가: 직접재료원가 ₩20,000, 가공원가 ₩40,000
> ㅇ 기말 재공품 수량: 500단위(완성도: 직접재료원가 100%, 가공원가 40%)
> ㅇ 직접재료는 생산 착수 시에 투입되며, 가공원가는 공정 전반에 걸쳐 균일하게 발생한다.

① ₩60,000
② ₩62,000
③ ₩64,000
④ ₩65,000

16

20X1년에 영업을 시작한 (주)한국의 당해 연도 생산 · 판매와 관련된 자료가 다음과 같을 때, 변동원가계산에 의한 영업이익은?

• 생산수량	5,000단위
• 판매수량	4,000단위
• 단위당 판매가격	₩2,000
• 단위당 직접재료원가	₩500
• 단위당 직접노무원가	₩400
• 단위당 변동제조간접원가	₩300
• 단위당 변동판매관리비	₩200
• 총고정제조간접원가	₩350,000
• 총고정판매관리비	₩150,000

① ₩1,620,000
② ₩1,900,000
③ ₩1,970,000
④ ₩2,500,000

17

(주)한국의 20X1년 기초재고자산은 ₩100,000, 당기매입액은 ₩200,000이다. (주)한국은 20X1년 12월 말 결산과정에서 재고자산 실사 결과 기말재고가 ₩110,000인 것으로 파악되었으며, 다음의 사항은 고려하지 못하였다. 이를 반영한 후 (주)한국의 20X1년 매출원가는?

> • 도착지 인도조건으로 매입한 상품 ₩20,000은 20X1년 12월 31일 현재 운송 중이며, 20X2년 1월 2일 도착예정이다.
> • 20X1년 12월 31일 현재 시용판매를 위하여 고객에게 보낸 상품 ₩40,000(원가) 가운데 50%에 대하여 고객이 구매의사를 표시하였다.
> • 20X1년 12월 31일 현재 (주)민국이 담보로 제공한 상품 ₩50,000은 창고에 보관 중이며, 재고자산 실사 시 이를 포함하였다.

① ₩170,000
② ₩180,000
③ ₩190,000
④ ₩220,000

18

회계정책, 회계추정의 변경 및 오류에 대한 설명으로 옳지 않은 것은?

① 과거에 발생한 거래와 실질이 다른 거래, 기타 사건 또는 상황에 대하여 다른 회계정책을 적용하는 것은 회계정책의 변경에 해당하지 아니한다.
② 추정의 근거가 되었던 상황의 변화, 새로운 정보의 획득, 추가적인 경험의 축적이 있는 경우 추정의 수정이 필요할 수 있다. 성격상 추정의 수정은 과거기간과 연관되지 않으며 오류수정으로 보지 아니한다.
③ 당기 기초시점에 과거기간 전체에 대한 오류의 누적효과를 실무적으로 결정할 수 없는 경우, 실무적으로 적용할 수 있는 가장 이른 날부터 전진적으로 오류를 수정하여 비교정보를 재작성한다.
④ 전기오류의 수정은 오류가 발견된 기간의 당기손익으로 보고하고, 과거 재무자료의 요약을 포함한 과거기간의 정보는 실무적으로 적용할 수 있는 최대한 앞선 기간까지 소급재작성한다.

19

(주)한국은 20X1년 10월 초 기계장치를 ₩100,000(내용연수 4년, 잔존가치 ₩20,000, 연수합계법, 월할 상각)에 취득한 후, 20X2년 1월 초 ₩30,000의 자본적 지출을 하였다. 그 결과 20X2년 1월 초 기계장치의 내용연수는 10년, 잔존가치는 ₩50,000으로 추정되었다. (주)한국이 20X2년 1월 초부터 감가상각 방법을 정액법으로 변경하였다면, 20X2년 포괄손익계산서에 보고할 감가상각비는? (단, 원가모형을 적용하고, 손상차손은 발생하지 않았다.)

① ₩7,200
② ₩10,200
③ ₩12,200
④ ₩37,200

20

(주)한국의 다음 회계자료를 이용한 '영업활동으로 인한 현금흐름'은?

- 손익계산서상 당기순이익: ₩20,000
- 감가상각비 계상액: ₩3,000
- 미지급비용 증가액: ₩2,000
- 매출채권 증가액: ₩5,000
- 선급비용 증가액: ₩4,000

① ₩12,000
② ₩15,000
③ ₩16,000
④ ₩24,000

제 5 회 베스트 모의고사

목표시간 :
걸린시간 : :

01

자본에 대한 설명으로 옳지 않은 것은?

① 기업의 자산에서 모든 부채를 차감한 후의 잔여지분이다.
② 자본을 투자된 화폐액 또는 투자된 구매력으로 보는 재무적 개념 하에서 자본은 기업의 순자산이나 지분과 동의어로 사용된다.
③ 재무제표이용자들이 주로 명목상의 투하자본이나 투하자본의 구매력 유지에 관심이 있다면 재무적 개념의 자본을 채택하여야 한다.
④ 자본개념을 실무적으로 적용하는 데 측정의 어려움이 있다면 선택된 자본개념에 따라 이익의 결정 목표가 무엇인지 알 수 없다.

02

다음 결산수정분개 중 자산이 감소하고 비용이 발생하는 것은?

① 수익은 발생하였으나 아직 현금을 수취하지 않아 이를 인식하기 위한 결산수정분개
② 비용은 발생하였으나 아직 현금을 지출하지 않아 이를 인식하기 위한 결산수정분개
③ 선수임대료 중 기간 경과로 수익이 실현된 부분을 인식하기 위한 결산수정분개
④ 선급보험료 중 기간 경과된 부분을 비용으로 인식하기 위한 결산수정분개

03

재무제표 표시에 대한 설명으로 옳지 않은 것은?

① 유동성 순서에 따른 표시방법을 적용할 경우 모든 자산과 부채는 유동성의 순서에 따라 표시한다.
② 금융회사와 같은 일부 기업의 경우에는 오름차순이나 내림차순의 유동성 순서에 따른 표시방법으로 자산과 부채를 표시하는 것이 유동/비유동 구분법보다 신뢰성 있고 더욱 목적적합한 정보를 제공한다.
③ 기업이 명확히 식별 가능한 영업주기 내에서 재화나 용역을 제공하는 경우, 재무상태표에 유동자산과 비유동자산 및 유동부채와 비유동부채를 구분하여 표시한다.
④ 기업이 기존의 대출계약조건에 따라 보고기간 후 적어도 12개월 이상 부채를 차환하거나 연장할 것으로 기대하고 있고, 그런 재량권이 있더라도, 보고기간 후 12개월 이내에 만기가 도래한다면 유동부채로 분류한다.

04

유형자산에 대한 설명으로 옳지 않은 것은?

① 유형자산의 일상적인 수선 · 유지와 관련하여 발생하는 원가는 해당 유형자산의 장부금액에 포함하여 인식하지 아니한다.
② 안전 또는 환경상의 이유로 취득하는 유형자산은 다른 자산에서 미래경제적 효익을 얻기 위해 필요한 경우에도 그 자체로는 미래 경제적 효익을 얻을 수 없으므로 자산으로 인식하지 아니한다.
③ 유형자산으로 인식되기 위해서는 자산으로부터 발생하는 미래경제적 효익이 기업에 유입될 가능성이 높아야 한다.
④ 유형자산으로 인식되기 위해서는 자산의 원가를 신뢰성 있게 측정할 수 있어야 한다.

05

(주)한국이 20X1년 초 건물을 사용할 목적으로 토지와 건물을 ₩150,000에 일괄 취득하였다. 취득일 현재 토지와 건물의 공정가치는 각각 ₩100,000이다. (주)한국은 매년 말 토지를 재평가하며, 토지의 공정가치는 다음과 같다.

구분	20X1년 말	20X2년 말	20X3년 말
공정가치	₩80,000	₩70,000	₩90,000

(주)한국은 20X4년 초 토지를 ₩90,000에 처분하였으며, 처분시점에 재평가잉여금을 이익잉여금으로 대체하였다. (주)한국의 토지와 관련된 회계처리의 영향으로 옳지 않은 것은?

① 20X1년도 당기손익의 증감은 없고 기타포괄이익 ₩5,000이 증가한다.
② 20X2년도 당기손실 ₩5,000이 발생하고 기타포괄이익 ₩5,000이 감소한다.
③ 20X3년도 당기손익의 증감은 없고 기타포괄이익 ₩20,000이 증가한다.
④ 20X4년도 자본 총계에 미치는 영향은 없다.

06

자산별 회계처리에 대한 설명으로 옳지 않은 것은?

① 무형자산의 상각방법은 자산의 경제적 효익이 소비될 것으로 예상되는 형태를 반영한 방법이어야 한다. 다만, 그 형태를 신뢰성 있게 결정할 수 없는 경우에는 정액법을 사용한다.
② 부동산 보유자가 부동산 사용자에게 부수적인 용역을 제공하는 경우가 있다. 전체 계약에서 그러한 용역의 비중이 경미하다면 부동산 보유자는 당해 부동산을 자가사용부동산으로 분류한다.
③ 정기적인 종합검사과정에서 발생하는 원가가 인식기준을 충족하는 경우에는 유형자산의 일부가 대체되는 것으로 보아 해당 유형자산의 장부금액에 포함하여 인식한다.
④ 재고자산을 순현실가능가치로 감액한 평가손실과 모든 감모손실은 감액이나 감모가 발생한 기간에 비용으로 인식한다.

07

무형자산에 대한 설명으로 옳지 않은 것은?

① 내부적으로 창출한 브랜드, 제호, 출판표제, 고객 목록과 이와 실질이 유사한 항목은 무형자산으로 인식한다.
② 계약상 권리 또는 기타 법적 권리로부터 발생하는 무형자산의 내용연수는 그러한 계약상 권리 또는 기타 법적 권리의 기간을 초과할 수는 없지만, 자산의 예상 사용기간에 따라 더 짧을 수는 있다.
③ 무형자산의 상각방법은 자산의 경제적 효익이 소비될 것으로 예상되는 형태를 반영한 방법이어야 한다. 다만, 그 형태를 신뢰성 있게 결정할 수 없는 경우에는 정액법을 사용한다.
④ 새로운 제품이나 용역의 홍보원가 그리고 새로운 계층의 고객을 대상으로 사업을 수행하는 데서 발생하는 원가는 무형자산의 원가에 포함하지 않는 지출이다.

08

충당부채, 우발부채 및 우발자산에 대한 설명으로 옳은 것은?

① 의무를 이행하기 위하여 경제적 효익이 있는 자원을 유출할 가능성이 희박하지 않다면, 우발부채를 재무제표에 인식한다.
② 예상되는 자산 처분이 충당부채를 생기게 한 사건과 밀접하게 관련되어 있다면, 예상되는 자산 처분이익은 충당부채를 측정하는데 고려한다.
③ 수익의 실현이 거의 확실하다면, 관련 자산은 우발자산이 아니므로 해당 자산을 재무제표에 인식하는 것이 타당하다.
④ 손실부담계약을 체결하고 있는 경우에는 관련된 현재의무를 우발부채로 인식하고 측정한다.

09

(주)한국은 20X1년 초에 타 회사 주식을 취득하고 기타포괄손익-공정가치 측정 금융자산 ₩20,000,000으로 인식하였다. 20X1년 말 이 금융자산의 공정가치가 ₩25,000,000일 경우, 20X1년 말 금융자산에 대한 회계처리가 (주)한국의 재무제표에 미치는 영향으로 옳은 것은?

① 당기이익 ₩5,000,000이 반영된다.
② 기타포괄이익 ₩5,000,000이 반영된다.
③ 금융자산의 기말 장부가액은 변하지 않는다.
④ 금융자산은 ₩20,000,000으로 유지되지만, 금융부채가 증가한다.

10

(주)한국이 20X1년에 재고자산 평가방법을 선입선출법에서 총평균법으로 변경한 결과 20X1년 기초재고자산과 기말재고자산이 각각 ₩50,000, ₩20,000 감소하였다. 이와 같은 회계변경이 (주)한국의 20X1년 기초이익잉여금과 당기순이익에 미치는 영향은?

	기초이익잉여금	당기순이익
①	₩50,000 감소	₩20,000 감소
②	₩50,000 증가	₩20,000 감소
③	₩50,000 감소	₩30,000 증가
④	영향 없음	₩30,000 증가

11

(주)서울은 20X1년 초에 〈보기〉와 같은 조건의 사채를 발행하였다. 사채 발행시 거래원가를 고려하지 않은 유효이자율은 연 6%(기간 3, 단일금액의 현가계수는 0.84, 연금의 현가계수는 2.67)이다. 중도상환이 없다고 할 때, (주)서울이 사채의 전체기간 동안 인식할 총 이자비용은?

보기

- 액면금액: ₩1,000,000
- 이자지급: 매년 12월 31일에 액면금액의 4% 이자 지급
- 상환: 20X3년 말에 일시 상환
- 사채 발행 시 거래원가: ₩1,500

① ₩120,000
② ₩121,500
③ ₩173,200
④ ₩174,700

12

고객과의 계약으로부터 발생하는 수익에서 거래가격 산정에 대한 설명으로 옳지 않은 것은?

① 거래가격을 산정하기 위해서는 계약 조건과 기업의 사업 관행을 참고한다.
② 기업에 특성이 비슷한 계약이 많은 경우에 '기댓값'은 변동대가(금액)의 적절한 추정치일 수 있다.
③ 고객과의 계약에서 약속한 대가는 고정금액, 변동금액 또는 둘 다를 포함할 수 있다.
④ 비현금대가의 공정가치가 대가의 형태만이 아닌 이유로 변동된다면, 변동대가 추정치의 제약규정을 적용하지 않는다.

13

다음 (주)한국의 20X1년 자료를 이용한 매출총이익과 영업이익을 바르게 연결한 것은?

• 기초상품재고액	₩10,000
• 기말상품재고액	₩12,000
• 당기상품총매입액	₩20,000
• 매입운임	₩2,000
• 매입에누리	₩1,000
• 매입환출	₩600
• 매입할인	₩400
• 당기상품총매출액	₩27,000
• 판매운임	₩2,500
• 매출에누리	₩1,800
• 매출환입	₩1,200
• 매출할인	₩500
• 판매사원 급여	₩1,000

	매출총이익	영업이익
①	₩5,500	₩2,000
②	₩5,500	₩4,500
③	₩8,000	₩4,500
④	₩8,000	₩7,000

14

(주)한국은 20X1년 1월 1일에 토지와 토지 위의 건물을 일괄하여 ₩1,000,000에 취득하고 토지와 건물을 계속 사용하였다. 취득시점 토지의 공정가치는 ₩750,000이며 건물의 공정가치는 ₩500,000이다. 건물의 내용연수는 5년, 잔존가치는 ₩100,000이며, 정액법을 적용하여 건물을 감가상각한다(월할상각, 원가모형 적용). 20X3년 1월 1일 (주)한국은 더 이상 건물을 사용할 수 없어 해당 건물을 철거하였다. 건물의 철거와 관련하여 철거비용이 발생하지 않았을 경우, 20X3년 1월 1일에 인식하는 손실은?

① ₩120,000
② ₩280,000
③ ₩360,000
④ ₩400,000

15

(주)한국의 20X1년 매출액이 ₩10,000,000, 총고정원가가 ₩2,000,000, 공헌이익률은 40%일 때 안전한계율은?

① 30%
② 40%
③ 50%
④ 60%

16

(주)한국은 화학재료 4,000kg을 투입해서 정제공정을 거쳐 3 : 2의 비율로 연산품 A와 B를 생산하며, 분리점 이전에 발생한 결합원가는 다음과 같다.

구분	금액
직접재료원가	₩250,000
직접노무원가	₩120,000
제조간접원가	₩130,000
합계	₩500,000

결합제품의 kg당 판매가격은 연산품 A가 ₩40/kg이고, 연산품 B가 ₩60/kg이다. 분리점에서의 판매가치법에 따라 결합원가를 배분할 경우, 연산품 B에 배부되는 결합원가는?

① ₩250,000
② ₩350,000
③ ₩450,000
④ ₩550,000

17

다음은 20X1년 (주)한국의 기계가동시간과 제조간접원가에 대한 분기별 자료이다.

분기	기계가동시간	제조간접원가
1	5,000시간	₩256,000
2	4,000시간	₩225,000
3	6,500시간	₩285,000
4	6,000시간	₩258,000

(주)한국은 고저점법을 이용하여 원가를 추정하며, 제조간접원가의 원가동인은 기계가동시간이다. 20X2년 1분기 기계가동시간이 5,500시간으로 예상될 경우, 제조간접원가 추정 금액은?

① ₩252,000
② ₩258,500
③ ₩261,000
④ ₩265,000

18

(주)한국은 단일제품을 대량으로 생산하고 있으며, 종합원가계산을 적용하고 있다. 원재료는 공정초기에 투입되고 가공원가는 공정전반에 걸쳐 균등하게 발생하는데, (주)한국의 20X1년 4월의 생산자료는 다음과 같다.

• 기초재공품	100,000개(완성도 60%)
• 당기착수량	800,000개
• 당기완성량	600,000개
• 기말재공품	200,000개(완성도 80%)

(주)한국은 선입선출법을 적용하고 있으며, 생산공정에서 발생하는 공손품의 검사는 공정의 50% 시점에서 이루어지며, 검사를 통과한 합격품의 10%를 정상공손으로 허용하고 있을 때 비정상공손 수량은?

① 10,000개
② 30,000개
③ 60,000개
④ 70,000개

19

「국가회계기준에 관한 규칙」 상 비교환수익 유형에 따른 수익인식기준에 대한 설명으로 옳지 않은 것은?

① 원천징수하는 국세: 원천징수의무자가 납세의무자로부터 세액을 원천징수할 때 수익으로 인식
② 정부가 부과하는 방식의 국세: 국가가 고지하는 때에 수익으로 인식
③ 분납이 가능한 국세: 징수할 세금이 확정된 때에 그 납부할 세액 전체를 수익으로 인식
④ 부담금수익: 청구권 등이 확정된 때에 그 확정된 금액을 수익으로 인식

20

「국가회계기준에 관한 규칙」 및 「지방자치단체 회계기준에 관한 규칙」 상 자산 · 부채의 평가에 대한 설명으로 옳지 않은 것은?

① 「국가회계기준에 관한 규칙」 상 투자증권은 매입가액에 부대비용을 더하고 종목별로 총평균법 등을 적용하여 산정한 가액을 취득원가로 한다.
② 「지방자치단체 회계기준에 관한 규칙」 상 주민편의시설은 당해 자산의 건설원가나 매입가액에 부대비용을 더한 취득원가로 평가함을 원칙으로 한다.
③ 「지방자치단체 회계기준에 관한 규칙」 상 재정상태표에 기록하는 자산의 가액은 해당 자산의 취득원가를 기초로 하여 계상함을 원칙으로 한다.
④ 「국가회계기준에 관한 규칙」 상 무형자산은 정액법 또는 생산량 비례법에 따라 해당 자산을 사용할 수 있는 시점부터 합리적인 기간 동안 상각한다.

제 6 회 베스트 모의고사

목표시간 :
걸린시간 : :

01

다음 사건에서 발생시점에 분개하여야 할 회계거래는?

① 제품포장을 위해 계약직 직원을 일당 ₩100,000의 조건으로 매월 말 급여를 지급하기로 하고 채용하였다.
② 물류창고에서 화재가 발생하여 보유 중인 재고자산(장부가액 ₩2,000,000)이 전부 소실되었다.
③ 거래처로부터 신제품 100개를 개당 ₩1,000의 조건으로 월말까지 납품해 달라는 주문서를 받았다.
④ 다음 달 사무실을 이전하기로 하고 매월 말 ₩1,000,000의 임차료를 지급하는 계약을 건물주와 체결하였다.

02

재무제표 요소의 측정에 대한 설명으로 옳지 않은 것은?

① 역사적 원가 측정치는 적어도 부분적으로 자산, 부채 및 관련 수익과 비용을 발생시키는 거래나 그 밖의 사건의 가격에서 도출된 정보를 사용하여 자산, 부채 및 관련 수익과 비용에 관한 화폐적 정보를 제공한다.
② 현행가치 측정치는 측정일의 조건을 반영하기 위해 갱신된 정보를 사용하여 자산, 부채 및 관련 수익과 비용의 화폐적 정보를 제공한다.
③ 공정가치는 측정일에 시장참여자 사이의 정상거래에서 자산을 매입할 때 지급하거나 부채를 차입할 때 수취하게 될 가격이다.
④ 자산의 현행원가는 측정일 현재 동등한 자산의 원가로서 측정일에 지급할 대가와 그 날에 발생할 거래원가를 포함한다.

03

다음 자료를 이용한 (주)한국이 20X1년도 포괄손익계산서에 인식할 게임접근권에 대한 수익은? (단, 수익은 월할 계산한다.)

> ○ (주)한국은 게임기기를 ₩95,000에 판매하고 게임접근권(1년 접근조건)을 ₩5,000에 판매하고 있다.
> ○ 20X1년 10월 1일에 (주)한국은 100명의 고객에게 2% 할인된 가격으로 게임기기와 게임접근권을 묶음 판매하였다.
> ○ 게임기기 판매와 게임접근권 판매는 각각 구별되는 수행의무로 식별하였으며, 게임접근권 판매의 수행의무는 기간에 걸쳐 이행된다.

① ₩100,000
② ₩122,500
③ ₩367,500
④ ₩490,000

04

간접법에 따라 영업활동현금흐름 계산 시, 법인세비용차감전순이익에 차감하는 항목만을 모두 고르면?

> ㄱ. 감가상각비
> ㄴ. 재고자산 증가액
> ㄷ. 매출채권의 감소액
> ㄹ. 매입채무의 감소액

① ㄱ, ㄴ
② ㄱ, ㄷ
③ ㄴ, ㄹ
④ ㄷ, ㄹ

05

활동기준원가계산(ABC)에 대한 다음의 설명 중 가장 옳지 않은 것은?

① 공정의 자동화로 인한 제조간접원가의 비중이 커지고 합리적인 원가배부기준을 마련하기 위한 필요에 의해 도입되었다.

② 발생하는 원가의 대부분이 하나의 원가동인에 의해 설명이 되는 경우에는 ABC의 도입효과가 크게 나타날 수 없다.

③ 활동별로 원가를 계산하는 ABC를 활용함으로써 재무제표 정보의 정확성과 신속한 작성이 가능해지게 되었다.

④ ABC의 원가정보를 활용함으로써 보다 적정한 가격결정을 할 수 있다.

06

다음 자료를 이용한 수정분개가 당기순이익에 미치는 영향은?

계정과목	수정전시산표 잔액	수정후시산표 잔액
선급비용	₩2,000	₩1,000
미지급비용	₩2,000	₩3,000
선수수익	₩1,500	₩2,500
미수수익	₩3,000	₩4,000

① ₩1,000 감소

② ₩2,000 감소

③ ₩3,000 감소

④ ₩4,000 감소

07

포괄손익계산서에 대한 설명으로 옳지 않은 것은?

① 비용을 기능별로 분류하는 기업은 감가상각비, 기타상각비와 종업원급여비용을 포함하여 비용의 성격에 대한 추가 정보를 공시한다.

② 재분류조정을 주석에 표시하는 경우에는 관련 재분류조정을 반영한 후에 당기손익의 항목을 표시한다.

③ 수익과 비용의 어느 항목도 당기손익과 기타포괄손익을 표시하는 보고서 또는 주석에 특별손익 항목으로 표시할 수 없다.

④ 유형자산재평가잉여금을 이익잉여금으로 대체하는 경우 그 금액은 당기손익으로 인식하지 않는다.

08

다음 자료를 이용한 당기 매입채무 현금지급액은?

○ 당기 매출액	₩200
○ 기초 상품재고액	₩30
○ 기말 상품재고액	₩20
○ 기초 매입채무	₩50
○ 기말 매입채무	₩60
○ 매출총이익률	20%
○ 당기 매입액 중 외상매입 비율	60%

① ₩80

② ₩90

③ ₩140

④ ₩150

09

다음 (주)한국의 20X1년 매출액은?

ㅇ기초 및 기말 재고자산

구분	직접재료	재공품	제품
기초	₩6,000	₩4,000	₩50,000
기말	₩4,000	₩6,000	₩40,000

ㅇ직접재료 매입액 ₩10,000
ㅇ가공(전환)원가 ₩20,000
ㅇ매출총이익률 60%

① ₩40,000
② ₩50,000
③ ₩100,000
④ ₩166,000

11

유형자산에 대한 후속 원가의 예로 그 성격이 다른 것은? (단, 후속원가는 신뢰성 있게 측정할 수 있다.)

① 기계장치의 생산량을 증가시킬 것으로 기대되는 부품의 부착
② 내용연수를 연장시킬 것으로 기대되는 기존 부품의 교체
③ 기계설비의 성능을 증가시킬 것으로 기대되는 핵심부품의 교체
④ 자동차의 성능을 유지시킬 것으로 기대되는 윤활유의 교체

10

(주)한국은 20X1년 1월 1일 기계장치를 ₩1,300,000(내용연수 4년, 잔존가치 ₩100,000, 정액법, 월할 상각)에 취득하면서, 정부로부터 상환의무 조건이 없는 정부보조금 ₩200,000을 수령하였다. 동 기계장치를 20X2년 12월 31일 ₩700,000에 처분한 경우 유형자산처분손익은? (단, (주)한국은 정부보조금을 관련자산에서 차감하는 원가차감법으로 회계처리하고 있다.)

① 유형자산처분이익 ₩100,000
② 유형자산처분이익 ₩150,000
③ 유형자산처분손실 ₩100,000
④ 유형자산처분손실 ₩150,000

12

무형자산에 대한 설명으로 가장 옳지 않은 것은?

① 내용연수가 비한정인 무형자산은 손상검사를 수행하지 않는다.
② 내부적으로 창출한 영업권은 자산으로 인식하지 아니한다.
③ 무형자산의 회계정책으로 원가모형이나 재평가모형을 선택할 수 있다.
④ 내용연수가 유한한 무형자산의 상각기간과 상각방법은 적어도 매 회계연도 말에 검토한다.

13

(주)한국은 정상개별원가계산을 적용하고 있으며, 기계가동시간을 기준으로 제조간접원가를 예정배부한다. (주)한국의 20X1년 제조간접원가 관련 자료가 다음과 같을 때 예정기계가동시간은?

ㅇ 제조간접원가 예산	₩500,000
ㅇ 실제 발생한 제조간접원가	₩600,000
ㅇ 실제 기계가동시간	45,000시간
ㅇ 제조간접원가 배부차이	₩150,000 과소배부

① 50,000시간
② 60,000시간
③ 70,000시간
④ 80,000시간

14

「국가회계기준에 관한 규칙」상 중앙관서 또는 기금의 재정운영표에 대한 설명으로 옳지 않은 것은?

① 재정운영표는 회계연도 동안 수행한 정책 또는 사업의 원가와 재정운영에 따른 원가의 회수명세 등을 포함한 재정운영결과를 나타내는 재무제표를 말한다.
② 중앙관서 또는 기금의 프로그램별 재정운영표는 프로그램순원가, 재정운영순원가, 재정운영결과로 구분하여 표시한다.
③ 프로그램순원가는 프로그램을 수행하기 위하여 투입한 원가 합계에서 다른 프로그램으로부터 배부받은 원가를 빼고, 다른 프로그램에 배부한 원가는 더하며, 프로그램 수행과정에서 발생한 수익 등을 빼서 표시한다.
④ 비배분비용은 국가회계실체에서 발생한 비용 중 프로그램에 대응되지 않는 비용이며, 비배분수익은 국가회계실체에서 발생한 수익 중 프로그램에 대응되지 않는 수익이다.

15

사채에 대한 설명으로 옳지 않은 것은?

① 사채발행 시 시장이자율이 액면이자율보다 높은 경우 할인발행된다.
② 사채를 할인발행한 경우 매년 인식할 이자비용은 증가한다.
③ 사채할증발행차금 잔액은 매년 감소한다.
④ 사채할인발행차금 상각액은 매년 감소한다.

16

고객과의 계약에서 생기는 수익에서 수행의무의 이행에 대한 설명으로 옳지 않은 것은?

① 고객에게 약속한 재화나 용역, 즉 자산을 이전하여 수행의무를 이행할 때(또는 기간에 걸쳐 이행하는 대로) 수익을 인식한다.
② 고객이 자산을 통제하는지를 판단할 때, 그 자산을 재매입하는 약정을 고려하지 않는다.
③ 수행의무가 기간에 걸쳐 이행되지 않는다면, 그 수행의무는 한 시점에 이행되는 것이다.
④ 수행의무의 진행률을 합리적으로 측정할 수 있는 경우에만, 기간에 걸쳐 이행하는 수행의무에 대한 수익을 인식한다.

17

회계정책, 회계추정의 변경 및 오류에 대한 설명으로 옳지 않은 것은?

① 투입변수나 측정기법의 변경이 회계추정치에 미치는 영향은 전기오류수정에서 비롯되지 않는 한 회계추정치 변경이다.
② 기업의 재무상태, 재무성과 또는 현금흐름을 특정한 의도대로 표시하기 위하여 중요하거나 중요하지 않은 오류를 포함하여 작성된 재무제표는 한국채택국제회계기준에 따라 작성되었다고 할 수 없다.
③ 회계추정의 변경효과가 변경이 발생한 기간과 미래기간에 모두 영향을 미치는 경우 발생한 기간에는 회계추정 변경효과를 당기손익에 포함하여 전진적으로 인식하고, 미래기간에는 회계추정 변경 효과를 기타포괄손익으로 하여 전진적으로 인식한다.
④ 당기 중에 발견한 당기의 잠재적 오류는 재무제표의 발행승인일 전에 수정한다. 그러나 중요한 오류를 후속기간에 발견하는 경우, 이러한 전기오류는 해당 후속기간의 재무제표에 비교표시된 재무정보를 재작성하여 수정한다.

18

전부원가계산에 의한 영업이익이 변동원가계산에 의한 영업이익보다 ₩10,000이 더 클 때, 다음의 자료를 이용한 당기 생산량은?

구분	수량/금액
판매량	500개
고정판매관리비	₩15,000
고정제조간접원가(총액)	₩30,000
기초재고	없음

① 650개
② 700개
③ 750개
④ 800개

19

다음 자료를 이용한 기말 자산총계는?

○ 기초 자산총계	₩800
○ 기초 부채총계	₩400
○ 기말 부채총계	₩300
○ 당기순이익	₩100
○ 기중 유상증자액	₩200
○ 기중 발생한 재평가잉여금	₩50

① ₩700
② ₩850
③ ₩900
④ ₩1,050

20

다음은 지방자치단체 A의 20X1년 재무제표 작성을 위한 자료이다. (단, 아래 이외의 다른 거래는 없다.)

- 20X1년 지방자치단체 A가 운영한 사업의 총원가는 ₩500,000이며, 사용료수익은 ₩200,000이다.
- 20X1년 관리운영비 ₩100,000이 발생하였다.
- 20X1년 사업과 관련이 없는 자산처분이익 ₩50,000과 이자비용 ₩10,000이 발생하였다.
- 20X1년 지방세수익은 ₩200,000이다.

20X1년 지방자치단체 A의 재정운영표상 재정운영순원가와 재정운영결과를 바르게 연결한 것은?

	재정운영순원가	재정운영결과
①	₩100,000	₩360,000
②	₩160,000	₩360,000
③	₩360,000	₩100,000
④	₩360,000	₩160,000

제 7 회 베스트 모의고사

목표시간 :

걸린시간 : :

01

재무보고를 위한 개념체계에서 수익과 비용에 대한 설명으로 옳지 않은 것은?

① 수익과 비용은 기업의 재무상태와 관련된 재무제표 요소이다.

② 자본청구권 보유자로부터의 출자는 수익이 아니며 자본청구권 보유자에 대한 분배는 비용이 아니다.

③ 수익은 자산의 증가 또는 부채의 감소로서 자본의 증가를 가져오며, 자본청구권 보유자의 출자와 관련된 것을 제외한다.

④ 수익과 비용의 서로 다른 특성별로 정보를 별도로 제공하면 재무제표이용자들이 기업의 재무성과를 이해하는 데 도움이 될 수 있다.

02

다음 자료를 이용한 (주)한국의 20X1년 기말재고자산 금액은? (단, 회전율 계산 시 기초와 기말의 평균값을 이용한다.)

ㅇ 20X1년 1월 1일 재고자산 잔액: ₩0
ㅇ 재고자산평균처리기간: 60일(1년을 360일로 가정)
ㅇ 매출원가: ₩3,000,000

① ₩500,000

② ₩900,000

③ ₩1,000,000

④ ₩1,200,000

03

(주)한국은 20X3년 초 토지를 ₩1,500,000에 취득하고 매년 말 공정가치로 평가하는 재평가모형을 적용한다. 또한 재평가잉여금을 자산의 처분시점에 이익잉여금으로 직접 대체하기로 하였다. 동 토지의 매년 말 공정가치는 다음과 같다.

20X3년 말	20X4년 말
₩1,200,000	₩1,600,000

(주)한국이 20X5년 말에 동 토지를 ₩1,100,000에 처분했을 때, 토지의 보유 및 처분과 관련하여 다음의 설명 중 옳지 않은 것은?

① 20X3년 초부터 20X5년 말까지 이익잉여금이 총 ₩400,000 감소한다.

② 20X3년 당기순이익이 ₩300,000 감소한다.

③ 20X4년 기타포괄이익이 ₩100,000 증가한다.

④ 20X5년 유형자산처분손실이 ₩400,000 인식된다.

04

「재무보고를 위한 개념체계」에서 규정하고 있는 일반목적 재무보고서에 대한 설명으로 옳지 않은 것은?

① 일반목적 재무보고의 목적은 현재 및 잠재적 투자자, 대여자 및 기타 채권자가 기업에 자원을 제공하는 것에 대한 의사결정을 할 때 유용한 보고기업의 재무정보를 제공하는 것이다.

② 경영진은 필요로 하는 재무정보를 내부에서 구할 수 있기 때문에 일반목적재무보고서에 의존할 필요가 없다.

③ 회계기준위원회는 공통된 정보의 수요에 초점을 맞추기 때문에 주요 이용자의 특정 일부집단에게 가장 유용한 추가 정보를 포함해서는 안 된다.

④ 재무보고서는 정확한 서술보다는 상당부분 추정, 판단 및 모형에 근거하며 개념체계는 그 추정, 판단 및 모형에 기초가 되는 개념을 정한다.

05

재무상태표와 포괄손익계산서에 대한 설명으로 옳지 않은 것은?

① 기업이 재무상태표에 유동자산과 비유동자산, 그리고 유동부채와 비유동부채로 구분하여 표시하는 경우, 이연법인세자산(부채)은 유동자산(부채)으로 분류하지 아니한다.

② 영업주기는 영업활동을 위한 자산의 취득시점부터 그 자산이 현금이나 현금성자산으로 실현되는 시점까지 소요되는 기간이다.

③ 수익과 비용의 어느 항목도 당기손익이나 기타포괄손익을 표시하는 보고서 또는 주석에 특별손익 항목으로 표시할 수 없다.

④ 기타포괄손익의 구성요소와 관련된 재분류조정은 공시할 필요가 없다.

06

다음 중 중간재무보고에 대한 내용으로 옳지 않은 것은?

① 전체 재무제표를 중간재무보고서에 포함하는 경우, 이러한 재무제표는 기업회계기준서 제1001호에서 정한 전체 재무제표의 형식과 내용에 부합하여야 한다.

② 요약재무제표를 중간재무보고서에 포함하는 경우, 이러한 재무제표는 최소한 직전 연차재무제표에 포함되었던 제목, 소계 및 이 기준서에서 정하는 선별적 주석을 포함하여야 한다.

③ 중간재무보고서는 당해 회계연도 누적기간을 직전 회계연도 동일기간과 비교하는 형식으로 작성한 포괄손익계산서를 포함한다.

④ 중간재무제표는 연차재무제표에서 적용하는 회계정책과 동일한 회계정책을 적용하여 작성한다.

07

(주)한국은 20X1년 7월 1일 기계장치(정액법 상각, 내용연수 3년, 잔존가치 ₩0)를 ₩36,000에 취득하여 원가모형을 적용하고 있다. 기계장치의 순공정가치와 사용가치는 다음과 같다.

구분	20X1년 말	20X2년 말
순공정가치	₩25,000	₩17,000
사용가치	₩24,000	₩19,000

(주)한국이 20X2년 말에 인식해야 할 손상차손 환입액은? (단, 자산의 회수가능액 변동은 기계장치의 손상 혹은 그 회복에 따른 것이라고 가정하며, 감가상각은 월할 계산한다.)

① ₩2,000

② ₩3,000

③ ₩4,000

④ ₩5,000

08

(주)한국은 20X1년 초에 취득원가 ₩200,000, 내용연수 4년, 잔존가치가 ₩20,000인 비품을 20X1년의 비용으로 처리하였다. (주)한국의 감가상각방법은 정액법이다. (주)한국이 이러한 오류를 20X2년의 장부가 마감되기 전에 발견하였다면 20X2년의 정확한 당기순이익은 얼마인가? (단, 수정전 당기순이익은 ₩1,000,000을 보고하였다.)

① ₩955,000

② ₩1,050,000

③ ₩950,000

④ ₩1,045,000

09

사채의 회계처리와 관련하여 사채할인발행차금을 유효이자율법에 따라 상각할 때 재무상태에 미치는 영향으로 옳은 것은? (단, 유효이자율은 0보다 크다.)

① 자본의 증가, 부채의 증가
② 자본의 증가, 부채의 감소
③ 자본의 감소, 부채의 증가
④ 자본의 감소, 부채의 감소

10

다음 중 금융자산의 손상에 대한 설명으로 옳지 않은 것은?

① 계약상 현금흐름이 없는 지분상품에 대해서는 손상차손을 인식하지 않는다.
② 당기손익 – 공정가치 측정 금융자산에 대해서는 채무상품에 대해서도 손상차손을 인식하지 않는다.
③ 최초 인식 후 금융상품의 신용위험이 유의적으로 증가하지 아니한 경우에는 손상차손을 인식하지 않는다.
④ 금융상품의 신용위험이 유의적으로 증가한 경우에는 매 보고기간 말에 전체기간 기대신용손실에 해당하는 금액으로 손실충당금을 측정한다.

11

재고자산의 회계처리에 관한 설명으로 옳지 않은 것은?

① 재고자산의 취득원가는 매입가액은 물론 현재의 장소에 현재의 상태에 이르게 하는데 발생한 모든 비용이 원가에 포함된다.
② 단기간 내에 생산되거나 제조되는 재고자산에 대한 차입원가는 취득원가에 산입하지 않고 즉시 금융비용으로 인식한다.
③ 통상적으로 상호 교환될 수 없는 재고자산항목의 원가와 특정 프로젝트별로 생산되고 분리되는 재화 또는 용역의 원가는 개별법을 사용하여 결정한다.
④ 완성될 제품이 원가 이상으로 판매될 것으로 예상하는 경우에도 그 생산에 투입하기 위해 보유하는 원재료 및 기타 소모품을 감액한다.

12

한국채택국제회계기준서 제1115호 '고객과의 계약에서 생기는 수익'에서 규정하고 있는 수행의무에 대한 설명으로 옳지 않은 것은?

① 수행의무란 고객과의 계약에서 재화나 용역을 이전하기로 한 약속을 의미한다.
② 구별되는 재화와 용역으로 약속된 경우에는 별개의 수행의무로 보고 각각 수익인식을 적용한다.
③ 식별되는 수행의무는 계약서에 기재된 재화와 용역에 한정되므로 의제의무는 포함하지 않는다.
④ 계약을 이행하기 위해 수행해야 하지만 고객에게 재화나 용역을 이전하는 활동이 아니라면 그 활동은 수행의무에 포함하지 않는다.

13

20X1년 1월 1일 설립한 (주)한국의 자본관련 거래는 다음과 같다.

일자	거래 내역
1월 1일	보통주 1,000주를 주당 ₩120(액면금액 ₩100)에 발행하고, 주식발행과 관련된 직접비용 ₩700을 현금 지급하였다.
7월 1일	보통주 1,000주를 주당 ₩90(액면금액 ₩100)에 발행하고, 주식발행과 관련된 직접비용은 발생하지 않았다.

이와 관련된 설명으로 옳은 것은?

① 1월 1일 현금 ₩120,000이 증가한다.

② 1월 1일 주식발행과 관련된 직접비용 ₩700을 비용으로 계상한다.

③ 7월 1일 자본금 ₩90,000이 증가한다.

④ 12월 31일 재무상태표에 주식발행초과금으로 표시될 금액은 ₩9,300이다.

14

다음은 (주)한국의 매출채권과 대손충당금의 자료이다.

계정과목	20X1년 12월 31일	20X1년 1월 1일
매출채권	₩490,000	₩500,000
대손충당금	(₩25,000)	(₩27,000)

회사는 20X1년도 포괄손익계산서상에 대손상각비로 ₩23,000을 보고하였으며, 20X1년 중에 회사의 매출로 인한 현금유입액이 ₩450,000이다. 20X1년 회사가 현금으로 매출한 금액이 ₩65,000인 경우 20X1년 회사가 외상으로 매출한 금액은 얼마인가?

① ₩400,000

② ₩450,000

③ ₩465,000

④ ₩469,000

15

보조부문원가 배부법에 관한 설명으로 옳지 않은 것은?

① 직접배분법은 보조부문 상호 간의 용역수수관계를 전혀 고려하지 않는 방법이다.

② 단계배분법은 보조부문원가의 배부순서를 정하여 그 순서에 따라 단계적으로 보조부문원가를 다른 보조부문과 제조부문에 배부하는 방법이다.

③ 상호배분법은 보조부문 상호 간의 용역수수관계가 중요하지 않을 때 적용하는 것이 타당하다.

④ 상호배분법은 보조부문 상호 간의 용역수수관계를 모두 고려하여 보조부문원가를 다른 보조부문과 제조부문에 배부하는 방법이다.

16

(주)한국은 정상개별원가계산을 사용하며 직접노무시간을 기준으로 제조간접원가를 배부하고 있다. 20X1년 연간 제조간접원가 예산은 ₩5,000,000이다. 20X1년 실제 발생한 제조간접원가는 ₩3,800,000이고 실제 직접노무시간은 20,000시간이다. 20X1년 중 제조간접원가 과대배부액이 ₩200,000이라고 할 때 연간 예산(예상) 직접노무시간은?

① 20,000시간

② 22,000시간

③ 24,000시간

④ 25,000시간

17

평균법을 이용한 종합원가계산을 적용하는 (주)한국은 공손품의 검사를 공정의 50% 시점에서 수행하며, 검사시점을 통과한 수량의 10%를 정상공손으로 허용하고 있다. (주)한국의 생산 관련 자료가 다음과 같을 때, 정상공손수량과 비정상공손수량을 바르게 연결한 것은? (단, 가공원가는 공정 전반에 걸쳐 균등하게 발생한다.)

- 기초재공품 800단위(가공원가 완성도 80%)
- 당기착수량 4,200단위
- 당기완성량 3,500단위
- 기말재공품 1,000단위(가공원가 완성도 60%)

	정상공손수량	비정상공손수량
①	350단위	150단위
②	370단위	130단위
③	420단위	80단위
④	450단위	50단위

18

(주)한국은 새로운 경전철 사업을 구상하고 있다. 1회 이용당 변동원가는 ₩100이고, 1년간 경전철 운영의 고정원가는 ₩100,000이 발생할 것으로 추정된다. 향후 1년간 이용 횟수가 1,000회로 예상된다. (주)한국이 목표이익을 ₩100,000으로 정할 경우 책정되어야 할 1회 이용요금은?

① ₩300
② ₩500
③ ₩700
④ ₩900

19

「국가회계기준에 관한 규칙」의 내용으로 옳은 것은?

① 국가운영수익은 국가의 재정활동과 관련하여 발생하는 수익 중 국세수익과 이전수익을 제외한 수익이다.
② 재무제표는 재정상태표, 재정운영표, 순자산변동표로만 구성하되, 재무제표에 대한 주석을 포함한다.
③ 투자증권 중 지분증권은 재정상태표일 현재 신뢰성 있게 공정가액을 측정할 수 있더라도 취득원가로 평가하여야 한다.
④ 현재 세대와 미래 세대를 위하여 정부가 영구히 보존하여야 할 자산으로서 역사적, 자연적, 문화적, 교육적 및 예술적으로 중요한 가치를 갖는 자산은 자산으로 인식하지 아니하고 그 종류와 현황 등을 필수보충정보로 공시한다.

20

다음 중 「국가회계기준에 관한 규칙」과 「지방자치단체기준에 관한 규칙」에 대한 설명으로 옳지 않은 것은?

① 지방자치단체는 주민의 편의를 위해서 1년 이상 반복적 또는 계속적으로 사용되는 도서관, 주차장, 공원, 박물관 및 미술관 등을 재정상태표에 주민편의시설로 표시한다.
② 지방자치단체는 문화재, 예술작품, 역사적 문건 및 자연자원은 자산으로 인식하지 않고 필수보충정보의 관리책임자산으로 보고한다.
③ 국가는 무형자산의 상각대상 금액을 내용연수 동안 체계적으로 배부하기 위해 정액법 등 다양한 방법을 사용할 수 있다.
④ 국가회계실체는 일반회계, 특별회계 및 기금으로서 중앙관서별로 구분된 것을 말하며, 지방자치단체의 유형별 회계실체는 일반회계, 기타특별회계, 기금회계 및 지방공기업특별회계로 구분한다.

제 8 회 베스트 모의고사

목표시간 :
걸린시간 : :

01

유용한 재무정보의 질적 특성에 대한 설명으로 옳지 않은 것은?

① 표현충실성은 모든 면에서 정확한 것을 의미하지는 않는다. 오류가 없다는 것은 현상의 기술에 오류나 누락이 없고, 보고정보를 생산하는 데 사용되는 절차의 선택과 적용 시 절차상오류가 없음을 의미한다.

② 비교가능성은 통일성이 아니다. 정보가 비교가능하기 위해서는 비슷한 것은 비슷하게 보여야 하고 다른 것은 다르게 보여야 한다.

③ 보강적 질적특성은 가능한 한 극대화되어야 한다. 그러나 보강적 질적특성은 정보가 목적적합하지 않거나 나타내고자 하는 바를 충실하게 표현하지 않으면 개별적으로든 집단적으로든 그 정보를 유용하게 할 수 없다.

④ 하나의 경제적 현상은 여러 가지 방법으로 충실하게 표현될 수 있어 동일한 경제적 현상에 대해 대체적인 회계처리방법을 허용하면 비교가능성이 증가한다.

02

재무제표 표시에 대한 설명으로 옳지 않은 것은?

① 상이한 성격이나 기능을 가진 항목은 통합하여 표시하지만, 중요하지 않은 항목은 성격이나 기능이 유사한 항목과 구분하여 표시할 수 있다.

② 한국채택국제회계기준에서 요구하거나 허용하지 않는 한 자산과 부채 그리고 수익과 비용은 상계하지 아니한다.

③ 한국채택국제회계기준이 달리 허용하거나 요구하는 경우를 제외하고는 당기 재무제표에 보고되는 모든 금액에 대해 전기 비교정보를 공시한다.

④ 재무제표가 계속기업의 기준 하에 작성되지 않는 경우에는 그 사실과 함께 재무제표가 작성된 기준 및 그 기업을 계속기업으로 보지 않는 이유를 공시하여야 한다.

03

투자부동산에 대한 설명으로 옳지 않은 것은?

① 장기 시세차익을 얻기 위하여 보유하고 있는 토지는 투자부동산으로 분류되나, 통상적인 영업과정에서 단기간에 판매하기 위하여 보유하는 토지는 투자부동산에서 제외한다.

② 재고자산을 공정가치로 평가하는 투자부동산으로 대체하는 경우, 재고자산의 장부금액과 대체시점의 공정가치의 차액은 당기손익으로 인식한다.

③ 투자부동산에 대하여 공정가치모형을 선택한 경우 감가상각하지 않으며, 공정가치 변동으로 발생하는 손익은 기타포괄손익으로 분류한다.

④ 장래 용도를 결정하지 못한 채로 보유하고 있는 토지는 투자부동산으로 분류한다.

04

다음은 (주)한국의 20X1년 상품 매입 및 매출 관련 자료이다. 선입선출법을 적용할 경우, 20X1년도 기말재고자산과 매출총이익을 바르게 연결한 것은? (단, 재고자산 감모 및 평가손실은 발생하지 않았으며, 재고자산 수량결정은 계속기록법에 의한다.)

일자	구분	수량	단가
1월 1일	기초재고	20개	₩150
5월 1일	매입	30개	₩200
7월 1일	매출	25개	₩300
9월 1일	매입	20개	₩180
11월 1일	매출	25개	₩320

	기말재고자산	매출총이익
①	₩3,000	₩5,900
②	₩3,000	₩6,500
③	₩3,600	₩5,900
④	₩3,600	₩6,500

05

다음은 (주)한국의 이자수익과 미수수익의 장부마감 전 계정별 원장이다. 장부마감과 재무제표 표시에 대한 설명으로 옳지 않은 것은?

이자수익

선수이자	₩20,000	현금	₩100,000
		미수이자	₩30,000

미수수익

이자수익	₩30,000		

① 포괄손익계산서에 인식되는 이자수익은 ₩110,000이다.
② 미수수익 계정의 대변에 집합손익 ₩30,000으로 마감한다.
③ 이자수익 원장의 차변에 집합손익 ₩110,000으로 마감한다.
④ 재무상태표상에 인식되는 미수이자는 ₩30,000이다.

06

(주)한국의 다음 20X1년 주식 거래가 당기순이익에 미치는 영향은?

- 2월 27일: A주식(당기손익-공정가치 측정 금융자산)을 ₩120,000에 매입하고 거래수수료로 ₩5,000을 지출하였다.
- 10월 6일: B주식(기타포괄손익-공정가치 측정 금융자산)을 ₩90,000에 매입하고 거래수수료로 ₩2,000을 지출하였다.
- 결산일 현재 공정가치는 A주식 ₩117,000, B주식 ₩99,000이다.

① ₩3,000 증가
② ₩6,000 증가
③ ₩8,000 감소
④ ₩10,000 감소

07

다음은 (주)한국의 20X1년도 회계자료의 일부이다. (주)한국의 20X1년도 매출과 매입은 모두 외상으로 거래되었다. (주)한국의 20X1년도 매입채무 지급액은 얼마인가? (단, 모든 매입과 매출은 외상 거래를 전제로 한다.)

• 기초매출채권	₩400,000
• 기말매출채권	₩750,000
• 기초매입채무	₩300,000
• 기말매입채무	₩400,000
• 기초상품재고액	₩150,000
• 매출채권 회수액	₩1,235,000
• 기말상품재고액	₩300,000
• 매출총이익	₩365,000

① ₩1,270,000
② ₩1,350,000
③ ₩1,370,000
④ ₩1,450,000

08

충당부채의 인식에 대한 설명으로 옳지 않은 것은?

① 과거 사건의 결과로 현재 의무가 존재하여야 하며, 현재 의무에는 법적 의무뿐만 아니라 의제 의무도 포함한다.
② 기업의 미래 행위(미래 사업행위)와 관련하여 존재하는 과거사건에서 생긴 의무만을 충당부채로 인식한다.
③ 해당 의무를 이행하기 위하여 경제적 효익이 있는 자원의 유출가능성이 높다.
④ 해당 의무를 이행하기 위하여 필요한 금액을 신뢰성 있게 추정할 수 있다.

09

재고자산에 대한 설명으로 옳지 않은 것은?

① 기초재고자산 금액과 당기매입액이 일정할 때, 기말재고자산의 금액이 과대계상될 경우 당기순이익은 과대계상된다.
② 선입선출법은 기말재고자산이 가장 최근에 구입한 상품의 원가로 계상된다.
③ 계속기록법은 수량을 측정하여 기록했을 경우 재고자산의 감모손실과 평가손실을 인식할 수 있다는 장점이 있다.
④ 선적지인도기준으로 매입이 이루어질 경우, 발생하는 운임은 재고자산의 취득원가를 구성한다.

10

20X1년 초 영업을 개시한 (주)한국의 20X1년도와 20X2년도의 생산 및 판매와 관련된 자료는 다음과 같다.

구분	20X1년	20X2년
생산량	5,000개	10,000개
판매량	4,000개	10,000개
직접재료원가	₩500,000	₩1,000,000
직접노무원가	₩600,000	₩1,200,000
변동제조간접원가	₩400,000	₩800,000
고정제조간접원가	₩200,000	₩250,000
변동판매관리비	₩200,000	₩400,000
고정판매관리비	₩300,000	₩350,000

(주)한국의 20X2년도 전부원가계산에 의한 영업이익이 ₩100,000일 때, 변동원가계산에 의한 영업이익은? (단, 재공품은 없으며 원가흐름은 선입선출법을 가정한다.)

① ₩85,000
② ₩115,000
③ ₩120,000
④ ₩140,000

11

다음 자료를 이용한 (주)한국이 사채발행 시 인식할 사채할인발행차금은?

○ 20X1년 초 (주)한국은 사채를 ₩9,700에 발행하였다.
○ 이 사채의 액면금액은 ₩10,000이며 액면이자율은 연 7%로 매년 말 이자를 지급하며 만기는 3년이다.
○ 사채발행에 따른 납입금은 입금되었고, 사채발행비 ₩200은 현금으로 지급하였다.

① ₩100
② ₩300
③ ₩500
④ ₩700

12

(주)한국은 20X1년 초에 보유 중이던 기계 A를 (주)민국의 기계 B와 교환하기로 하였다. 각 기계의 장부금액 및 공정가치는 다음과 같다. 단, 교환 시 추가적인 현금수수액은 없었다.

구분	장부금액	공정가치
기계 A	₩1,050,000	₩1,200,000
기계 B	₩1,100,000	₩1,050,000

교환거래 직후 (주)한국의 재무상태표상 기계 장부금액을 아래 각 상황별로 바르게 짝지은 것은?

〈상황〉

(가) 교환거래에 상업적 실질이 존재하며, 기계 A의 공정가치가 기계 B의 공정가치보다 더 신뢰성 있다.
(나) 교환거래에 상업적 실질이 존재하며, 기계 B의 공정가치가 기계 A의 공정가치보다 더 신뢰성 있다.
(다) 교환거래에 상업적 실질이 존재하지 않으며, 기계 A의 공정가치가 기계 B의 공정가치보다 더 신뢰성 있다.
(라) 교환거래에 상업적 실질이 존재하지 않으며, 기계 B의 공정가치가 기계 A의 공정가치보다 더 신뢰성 있다.

	상황 (가)	상황 (나)	상황 (다)	상황 (라)
①	₩1,200,000	₩1,050,000	₩1,050,000	₩1,050,000
②	₩1,200,000	₩1,050,000	₩1,100,000	₩1,050,000
③	₩1,200,000	₩1,050,000	₩1,100,000	₩1,100,000
④	₩1,050,000	₩1,200,000	₩1,050,000	₩1,050,000

13

(주)한국은 A와 B의 두 연산품을 생산하고 있다. 4월에 A 800개, B 400개의 연산품이 분리되었고, 이들의 추가가공에 각각 A ₩240,000과 B ₩360,000의 원가가 발생하였다. A와 B의 판매가격은 개당 ₩750과 ₩1,500이다. 순실현가치를 기준으로 결합원가 중 ₩270,000이 제품 A에 배부되었다. 4월의 결합원가 총액은 얼마인가?

① ₩450,000

② ₩675,000

③ ₩810,000

④ ₩1,080,000

14

감가상각과 관련된 다음 설명 중 「한국채택국제회계기준」의 규정과 일치하는 설명은?

① 유형자산의 감가상각대상금액은 내용연수에 걸쳐 정액법으로 상각하는 것을 원칙으로 하되, 정액법을 적용할 수 없는 상황에서는 다른 상각방법을 적용하여 상각할 수 있다.

② 유형자산의 잔존가치와 내용연수는 적어도 매 회계연도 말에 재검토하며, 재검토 결과 추정치가 종전 추정치와 다르다면 그 차이는 회계정책의 변경으로 회계처리한다.

③ 유형자산이 가동되지 않거나 운휴상태가 되면, 관련 수익이 발생하지 아니하므로 감가상각을 중단한다.

④ 유형자산의 소비형태를 반영하기 위하여 매 회계연도 말에 감가상각방법을 변경할 수 있으며, 이를 회계추정의 변경으로 회계처리한다.

15

금융자산의 분류에 관한 설명으로 옳지 않은 것은?

① 금융자산의 보유 목적이 계약상 현금흐름을 수취하는 것을 목적으로 하는 사업모형 하에 보유하는 기간 동안 원리금의 지급만으로 구성된 현금흐름이 발생하면 상각후원가 측정 금융자산으로 분류한다.

② 금융자산의 보유 목적이 계약상 현금흐름을 수취하면서 동시에 매도하는 것을 목적으로 하는 사업모형 하에, 보유하는 기간 동안 원리금 지급만으로 구성된 현금흐름이 발생하는 경우 기타포괄손익 – 공정가치 측정 금융자산으로 분류한다.

③ 계약상 현금흐름을 수취하기 위한 목적이라면 중도에 매도하지 않고 만기까지 보유할 것을 의미한다.

④ 금융자산을 상각후원가 측정 금융자산이나 기타포괄손익 – 공정가치 측정 금융자산으로 분류하지 않는 경우에는 당기손익 – 공정가치 측정 금융자산으로 분류한다.

16

(주)한국은 20X1년 중 (주)민국이 주문한 맞춤형 특수기계를 ₩10,000에 제작하는 계약을 체결하였다. 20X1년에 발생한 제작원가는 ₩2,000이고, 추정 총원가는 ₩8,000이다. 20X2년에 설계변경이 있었고, 이로 인한 원가상승을 반영하여 계약금액을 ₩12,000으로 변경하였다. 20X2년에 발생한 제작원가는 ₩4,000이고, 추정 총원가는 ₩10,000이다. 이 기계는 20X3년 3월 31일에 완성되었다. 원가기준 투입법으로 진행률을 측정할 때, (주)한국이 동 계약과 관련하여 20X2년도에 인식할 이익은?

① ₩300

② ₩400

③ ₩500

④ ₩700

17

(주)한국은 A제품과 B제품을 생산 · 판매하고 있다. 20X1년도 연간고정원가 총액이 ₩3,000이고, 두 제품에 대한 자료가 다음과 같을 때, 연간 손익분기점에서 A제품의 판매수량은? (단, 매출배합은 항상 일정하게 유지된다.)

	A제품	B제품
판매단가	₩90	₩140
단위당 변동원가	₩70	₩100
판매량	80개	20개

① 80개
② 100개
③ 110개
④ 120개

18

종합원가계산에 대한 설명으로 옳은 것은?

① 평균법은 기초재공품의 제조가 당기 이전에 착수되었음에도 불구하고 당기에 착수된 것으로 가정한다.
② 선입선출법 또는 평균법을 사용할 수 있으며, 평균법이 실제 물량흐름에 보다 충실한 원가흐름이다.
③ 평균법은 기초재공품원가와 당기발생원가를 구분하지 않기 때문에 선입선출법보다 원가계산이 정확하다는 장점이 있다.
④ 선입선출법은 당기투입분을 우선적으로 가공하여 완성시킨 후 기초재공품을 완성한다고 가정한다.

19

다음은 지방자치단체 A의 20X1년 말 재정상태표상 금액이다.

ㅇ부채 총계	₩2,000,000
ㅇ사회기반시설 투자액	₩900,000
ㅇ일반순자산	₩300,000
ㅇ무형자산 투자액	₩100,000
ㅇ사회기반시설 투자 관련 차입금	₩450,000
ㅇ적립성기금의 원금	₩150,000

지방자치단체 A의 20X1년 말 재정상태표상 자산 총계는?

① ₩2,900,000
② ₩3,000,000
③ ₩3,450,000
④ ₩3,900,000

20

「국가회계기준에 관한 규칙」에 대한 다음 설명 중 옳지 않은 것은?

① 화폐성 외화자산과 화폐성 외화부채의 평가에 따라 발생하는 환율변동효과는 외화평가손실 또는 외화평가이익의 과목으로 하며 비교환수익에 반영한다.
② 투자증권은 매입가액에 부대비용을 더하고 종목별로 총평균법 등을 적용하여 산정한 가액을 취득원가로 한다.
③ 장기연불조건의 거래, 장기금전대차거래 또는 이와 유사한 거래에서 발생하는 채권 · 채무로서 명목가액과 현재가치의 차이가 중요한 경우에도 명목가액으로 평가한다.
④ 관리전환으로 취득하는 일반유형자산의 취득원가는 유상관리 전환인 경우에는 관리전환 대상 자산의 공정가액으로, 무상관리 전환인 경우에는 관리전환으로 자산을 제공하는 실체의 장부가액으로 한다.

제 9 회 베스트 모의고사

목표시간 :
걸린시간 : :

01

「재무보고를 위한 개념체계」에서 규정하고 있는 내용으로 옳지 않은 것은?

① 일반목적 재무보고의 목적을 달성하기 위해서 회계기준위원회는 개념체계의 관점에서 벗어난 요구사항을 정하는 경우가 있을 수 있다.
② 개념체계의 어떠한 내용도 회계기준이나 회계기준의 요구사항에 우선하지 않는다.
③ 재무제표를 작성하는 경우 우선적으로 국제회계기준의 규정에 근거해야 하지만, 구체적으로 적용할 수 있는 회계기준이 없는 경우 경영진은 판단에 따라 회계정책을 개발 및 적용하여 회계정보를 작성할 수 있다.
④ 개념체계는 수시로 개정이 되며, 개념체계가 개정된 경우 자동으로 회계기준도 개정이 된다.

02

재무제표 표시에 관한 설명으로 옳지 않은 것은?

① 계속기업의 가정이 적절한지의 여부를 평가할 때 경영진은 적어도 보고기간 말로부터 향후 12개월 기간에 대하여 이용 가능한 모든 정보를 고려한다.
② 재무제표에는 중요하지 않아 구분하여 표시하지 않은 항목이라도 주석에서는 구분표시해야 할 만큼 충분히 중요할 수 있다.
③ 기업은 현금흐름 정보를 제외하고는 발생기준회계를 사용하여 재무제표를 작성한다.
④ 외환손익 또는 단기매매금융상품에서 발생하는 손익과 같이 유사한 거래의 집합에서 발생하는 차익과 차손이 중요한 경우에는 순액으로 표시한다.

03

다음 중 매출채권의 양도에 관한 회계처리로 적절하지 않은 것은?

① 당해 채권의 소유에 따른 위험과 보상의 대부분을 이전한 경우에는 제거조건을 충족하는 양도로 본다.
② 당해 채권의 소유에 따른 위험과 보상의 대부분을 보유하고 있는 경우는 당해 매출채권을 계속 인식한다.
③ 당해 채권의 소유에 따른 위험과 보상의 대부분을 보유하지도 이전하지도 아니한 경우는 매출채권을 통제하지 못한다면 매출채권을 제거한다.
④ 제거조건의 충족여부에 관계없이 만기 또는 회수일에 단기차입금과 매출채권을 상계처리한다.

04

(주)한국이 발행한 사채(액면금액 ₩100,000, 액면이자율 연 8%, 발행 시 유효이자율 연 10%)의 20X1년 말 장부금액은 ₩95,000이다. (주)한국은 20X2년 말 동 사채에 대한 액면이자를 지급한 후 즉시 사채 전부를 ₩98,000에 상환하였다. 사채가 (주)한국의 20X2년 당기순이익에 미치는 영향은? (단, 액면이자는 매년 말 지급하고, 원금은 만기에 일시 상환한다.)

① ₩8,000 감소
② ₩9,500 감소
③ ₩10,000 감소
④ ₩11,000 감소

05

12월말 결산법인인 (주)한국의 매출채권 관련 자료는 다음과 같다. 20X1년 기중에 회수불가능하게 되어 대손 처리한 매출채권금액은?

- 20X0년 12월 31일의 매출채권은 ₩1,000,000이며, 20X1년 12월 31일의 매출채권은 ₩1,500,000이다.
- 매 연도 말 기말 매출채권의 5%를 대손충당금으로 설정한다.
- 20X1년도 외상매출액은 ₩4,000,000이다.
- 20X1년도에 현금으로 회수한 매출채권은 ₩3,480,000이다.

① ₩20,000
② ₩30,000
③ ₩40,000
④ ₩45,000

06

재고자산은 취득원가와 순실현가능가치 중 낮은 금액인 저가법으로 측정한다. 저가법 적용에 대한 한국채택국제회계기준의 규정과 일치하지 않는 것은?

① 저가법 적용은 항목별로 적용하는 것을 원칙으로 하되, 서로 유사하거나 관련 있는 항목들을 통합하여 조별로 저가법을 적용할 수 있다.
② 순실현가능가치는 정상적인 영업과정의 예상판매가격에서 예상되는 추가 완성원가와 판매비용을 차감한 금액이다.
③ 완성될 제품이 원가 이상으로 판매될 것으로 예상하는 경우에는 그 생산에 투입하기 위해 보유하는 원재료는 감액하지 않는다.
④ 제품과 재공품의 현행대체원가는 순실현가치에 대한 최선의 이용가능한 측정치가 될 수 있다.

07

영업활동 현금흐름의 예로 옳지 않은 것은?

① 단기매매목적으로 보유하는 계약에서 발생하는 현금유입과 현금유출
② 종업원과 관련하여 직 · 간접으로 발생하는 현금유출
③ 로열티, 수수료, 중개료 및 기타수익에 따른 현금유입
④ 리스이용자의 리스부채 상환에 따른 현금유출

08

(주)한국의 20X1년 말 소모품 관련 총계정원장은 다음과 같다.

현금

		5/1	₩100,000

소모품

12/31	₩20,000		

소모품비

5/1	₩100,000	12/31	₩20,000

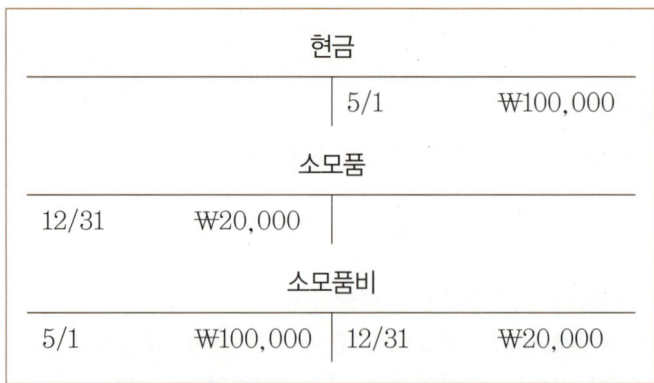

(주)한국의 20X1년 회계처리에 관한 설명으로 옳지 않은 것은?

① 소모품과 관련하여 비용으로 인식한 금액은 ₩20,000이다.
② 소모품 관련 수정분개는 '(차) 소모품 ₩20,000 (대) 소모품비 ₩20,000'이다.
③ 기말 소모품 잔액은 ₩20,000이다.
④ 5월 1일 소모품 구입 시 지출한 현금 ₩100,000을 전액 비용으로 처리하였다.

09

유형자산의 회계처리에 대한 설명으로 옳지 않은 것은?

① 본사 건물을 자가건설하는 경우 발생한 재료비, 노무비 및 제조간접비 등은 건설중인자산으로 기록하고, 사용되는 것이 아니므로 완성될 때까지 감가상각을 하지 않는다.

② 예비부품, 대기성 장비 및 수선용구와 같은 항목은 일반적으로 한 회계기간 내에 사용되므로 재고자산으로 인식하고, 사용되는 시점에 당기손익으로 인식하지만, 한 회계기간 이상 사용할 것으로 예상되면서 유형자산의 정의를 만족한다면 유형자산으로 인식한다.

③ 금형, 공구 및 틀 등과 같이 개별적으로 경미한 항목은 통합하여 그 전체가치에 대해 인식기준을 적용한다.

④ 자가건설에 따른 내부이익은 자가건설원가에 포함하여 건설중인자산으로 인식하였다가 완료했을 때 유형자산으로 대체한다.

10

사채에 대한 다음 설명 중 옳지 않은 것은?

① 사채 발행 시의 시장이자율보다 상환 시의 시장이자율이 높으면 사채상환이익이 발생한다.

② 유효이자율법을 적용하면 사채할인발행차금 상각액은 매년 증가하지만, 사채할증발행차금 환입액은 매년 감소한다.

③ 자기사채는 사채의 취득 목적에 관계없이 사채에서 직접 차감한다.

④ 사채할인발행차금 상각액은 순이익을 감소시키지만, 사채의 장부금액은 증가시킨다.

11

다음 중 기준서 제1115호 '고객과의 계약에서 생기는 수익'에서 규정하고 있는 마지막 5단계 '수익 인식' 단계에 대한 설명으로 옳지 않은 것은?

① 자산은 고객이 통제할 때 이전되므로, 고객이 기업에게 제공받은 자산을 통제할 수 있다면 기업은 수행의무를 이행한 것이며, 이 시점에 수익을 인식하게 된다.

② 기업이 수행하여 만들어지거나 가치가 높아지는 대로 고객이 통제하는 자산(재공품)을 기업이 만들거나 그 자산 가치를 높이는 경우 기간에 걸쳐 이행되는 수행의무로 보고 진행기준에 따라 수익을 인식한다.

③ 한국채택국제회계기준에서 진행률을 측정하는 방법은 해당 수행의무의 이행에 예상되는 총투입물 대비 수행의무를 이행하기 위한 기업의 노력이나 투입물에 기초하여 수익을 인식하는 방법인 투입법만 인정된다.

④ 수행의무의 진행률을 합리적으로 측정할 수 없다면 수행의무의 산출물을 합리적으로 측정할 수 있을 때까지 발생원가 범위에서만 수익을 인식한다.

12

(주)한국은 재고자산 수량결정과 관련하여 계속기록법을 채택하고 있다. 다음은 (주)한국의 20X1년의 매출원가와 관련된 자료이다.

구분	수량	단가	합계
20X1년 초 재고자산	100개	₩300	₩30,000
20X1년 매입액	200개	₩300	₩60,000
20X1년 말 재고자산	150개	₩300	₩45,000

(주)한국의 20X1년 말 재고조사를 실시한 결과 재고자산 감모수량이 30개(재고자산 감모손실 ₩9,000) 발생하였다. 또한, (주)한국의 20X1년 말 재고자산의 단위당 순실현가능가치가 ₩200으로 하락하여 재고자산 평가손실을 인식하여야 한다. (주)한국이 20X1년도에 인식할 재고자산평가손실은 얼마인가?

① ₩6,000

② ₩9,000

③ ₩12,000

④ ₩15,000

13

(주)한국은 20X1년 초 영업에 사용할 목적으로 특수장비(내용연수 5년, 잔존가치 ₩0, 정액법 감가상각, 원가모형 적용)를 ₩25,000에 취득하면서 추가로 취득세 ₩3,000, 등록세 ₩2,000, 자동차보험료 ₩5,000을 부담하였다. 20X2년 중 동 특수장비에 심각한 손상이 발생하였고, 특수장비의 순공정가치는 20X2년 말 ₩15,000으로 추정되고, 사용가치는 ₩13,000으로 추정된다. (주)한국의 20X2년 말 특수장비와 관련된 회계처리가 당기순이익에 미치는 영향은?

① ₩3,000 증가
② ₩3,000 감소
③ ₩6,000 증가
④ ₩9,000 감소

14

(주)한국은 20X1년 1월 1일에 영업을 개시하였으며 20X1년의 당기순이익은 ₩1,000,000이다. (주)한국은 20X2년 2월 28일 주주총회에서 금전배당을 ₩300,000, 주식배당을 10주(액면 @₩5,000), 이익준비금으로 ₩30,000 적립, 사업확장적립금으로 ₩100,000을 적립하기로 선언하였다. 20X2년 2월 28일 이익잉여금을 처분한 후 (주)한국의 이익잉여금 총계는 얼마인가?

① ₩350,000
② ₩450,000
③ ₩550,000
④ ₩650,000

15

다음 자료를 이용하여 매출원가를 구하면 얼마인가? (단, 재고자산평가손실과 재고자산감모손실은 없다.)

• 기초제품재고액	₩17,000
• 기말제품재고액	₩15,000
• 기초재공품재고액	₩3,000
• 기말재공품재고액	₩6,000
• 당기제품제조원가	₩280,000

① ₩272,000
② ₩274,000
③ ₩280,000
④ ₩282,000

16

(주)한국은 급여체계를 일부 변경하려고 고민하고 있는데, 현재의 자료는 다음과 같다.

• 제품 단위당 판매가격	₩100
• 공헌이익률	60%
• 연간고정원가	
임차료	₩15,000
급여	₩21,000
광고선전비	₩12,000

만약 매출액의 10%를 성과급으로 지급하는 방식으로 급여체계를 변경한다면 고정급여는 ₩6,000이 절약될 것으로 추정하고 있다. 급여체계의 변경으로 인한 손익분기점 판매량의 변화는?

① 40단위 증가
② 40단위 감소
③ 50단위 증가
④ 50단위 감소

17

(주)한국은 단일공정에서 단일제품을 생산 · 판매하고 있다. (주)한국은 실제원가에 의한 종합원가계산을 적용하고 있으며, 원가흐름 가정은 선입선출법이다. 당기의 생산 활동에 관한 자료는 다음과 같다.

항목	물량	전환원가 완성도
기초재공품	500단위	50%
기말재공품	600단위	50%
당기착수량	4,000단위	-

전환원가는 공정 전반에 걸쳐 균등하게 발생한다. 기말에 전환원가의 완성품환산량 단위당 원가는 ₩20으로 계산되었다. 당기에 실제로 발생한 전환원가는? (단, 공손과 감손은 발생하지 않았다.)

① ₩75,000

② ₩79,000

③ ₩82,000

④ ₩85,000

18

「국가회계기준에 관한 규칙」 및 「지방자치단체 회계기준에 관한 규칙」에서 재정상태표에 대한 설명으로 옳지 않은 것은?

① 「지방자치단체 회계기준에 관한 규칙」의 재정상태표상 부채는 유동부채, 장기차입부채 및 기타비유동부채로 분류한다.

② 「국가회계기준에 관한 규칙」의 재정상태표상 충당부채는 지출시기 또는 지출금액이 불확실한 부채로서 연금충당부채, 퇴직수당충당부채, 보증충당부채, 보험충당부채 및 기타 충당부채를 말한다.

③ 「지방자치단체 회계기준에 관한 규칙」의 재정상태표상 일반순자산은 순자산에서 고정순자산과 특정순자산을 제외한 금액을 말한다.

④ 「국가회계기준에 관한 규칙」의 재정상태표상 순자산은 기본순자산에서 적립금 및 잉여금과 순자산조정을 뺀 금액으로 표시한다.

19

「국가회계기준에 관한 규칙」에 대한 설명으로 옳은 것은?

① 재무제표는 재정상태표, 재정운영표, 순자산변동표 및 현금흐름표로 구성하되, 재무제표에 대한 주석은 포함하지 않는다.

② 「국고금관리법 시행령」 제2장에 따른 출납정리기한 중에 발생한 거래에 대한 회계처리는 차기 회계연도에 발생한 거래로 본다.

③ 재무제표를 통합하여 작성하더라도 내부거래는 상계하지 않는다.

④ 비교하는 형식으로 작성되는 두 회계연도의 재무제표는 계속성의 원칙에 따라 작성하며, 「국가회계법」에 따른 적용범위, 회계정책 또는 이 규칙 등이 변경된 경우에는 그 내용을 주석으로 공시한다.

20

(주)한국은 표준원가계산제도를 적용하고 있으며, 직접노무원가와 관련된 자료는 다음과 같다.

• 표준직접노동시간	1,000시간
• 실제직접노동시간	960시간
• 실제발생 직접노무원가	₩364,800
• 능률차이(유리한 차이)	₩14,800
• 임률차이(불리한 차이)	₩9,600

직접노무원가 시간당 표준임률은?

① ₩240

② ₩350

③ ₩370

④ ₩380

제 10 회 베스트 모의고사

목표시간 :
걸린시간 : :

01

재무보고를 위한 개념체계에서 재무제표 기본요소의 인식에 대한 설명으로 옳지 않은 것은?

① 특정 자산과 부채를 인식하기 위해서는 측정을 해야 하며 많은 경우 그러한 측정은 추정될 수 없다.
② 자산, 부채 또는 자본의 정의를 충족하는 항목만이 재무상태표에 인식되며 그러한 요소 중 하나의 정의를 충족하는 항목이라고 할지라도 항상 인식되는 것은 아니다.
③ 거래나 그 밖의 사건에서 발생된 자산이나 부채의 최초 인식에 따라 수익과 관련된 비용을 동시에 인식할 수 있다.
④ 경제적효익의 유입가능성이나 유출가능성이 낮더라도 자산이나 부채가 존재할 수 있다.

02

자산에 대한 설명으로 옳지 않은 것은?

① 유형자산의 감가상각방법은 적어도 매 회계연도 말에 재검토하고, 이를 변경할 경우 회계추정의 변경으로 보아 전진법으로 회계처리한다.
② 유형자산에 대해 재평가모형을 적용하는 경우 최초 재평가로 인한 장부금액의 증가액은 당기손익이 아닌 기타포괄손익으로 회계처리한다.
③ 연구개발과 관련하여 연구단계에서 발생한 지출은 당기비용으로 회계처리하고, 개발단계에서 발생한 지출은 무형자산의 인식기준을 모두 충족할 경우 무형자산으로 인식하고 그 외에는 당기비용으로 회계처리한다.
④ 투자부동산에 대해 공정가치모형을 적용하는 경우 감가상각비와 공정가치변동으로 발생하는 손익은 모두 당기손익으로 회계처리한다.

03

두 개의 제조부문과 두 개의 보조부문으로 이루어진 (주)한국의 부문 간 용역 제공에 관련된 자료는 다음과 같을 때, 보조부문 동력부를 먼저 배부하는 단계식 배분법을 사용할 경우 절단부문에 배부되는 보조부문원가의 총액은 얼마인가?

제공한 용역	보조부문		제조부문		합계
	수선부문	동력부문	절단부문	조립부문	
수선부문	–	30%	40%	30%	100%
동력부문	30%	–	40%	30%	100%
발생원가	₩201,000	₩240,000	₩600,000	₩450,000	₩1,491,000

① ₩276,000
② ₩273,000
③ ₩240,000
④ ₩252,000

04

재무상태표에 관한 설명으로 옳지 않은 것은?

① 보고기간 후 재무제표 발행승인일 전에 장기로 차환하는 약정이 체결된 경우라 하더라도 금융부채가 보고기간 후 12개월 이내에 결제일이 도래하면 이를 유동부채로 분류한다.
② 유동자산과 비유동자산, 유동부채와 비유동부채로 구분하는 표시 방법이 신뢰성 있고 더욱 목적적합한 정보를 제공하는 경우를 제외하고는 자산과 부채는 유동성 순서에 따라 표시한다.
③ 기업은 재무제표에 표시된 개별항목을 기업의 영업활동을 나타내기에 적절한 방법으로 세분류하고, 그 추가적인 분류 내용을 재무상태표 또는 주석에 공시한다.
④ 유동자산은 보고기간 후 12개월 이내에 실현될 것으로 예상되지 않는 경우에도 재고자산과 매출채권과 같이 정상영업주기의 일부로서 판매, 소비 또는 실현되는 자산을 포함한다.

05

단일제품 A를 제조하는 (주)한국의 제품생산 및 판매와 관련된 자료는 다음과 같다.

• 총판매량	200개
• 총공헌이익	₩200,000
• 총고정원가	₩150,000

법인세율이 20%일 경우, 세후 순이익 ₩120,000을 달성하기 위한 제품 A의 판매수량은? (단, 제품 A의 단위당 공헌이익은 동일하다.)

① 120개

② 150개

③ 270개

④ 300개

06

「국가회계기준에 관한 규칙」에 대한 다음 설명 중 옳은 것은?

① 현금흐름표는 회계연도 동안의 현금의 유입 및 유출내역을 나타내는 재무제표를 말하며, 경상활동, 투자활동, 재무활동으로 구분한 회계연도 중의 현금흐름에 회계연도의 초의 현금을 더하며 회계연도말의 현금을 산출하는 형식으로 표시한다.

② 일반유형자산은 국가의 기반을 형성하기 위하여 대규모로 투자하여 건설하고 그 경제적 효과가 장기간에 걸쳐 나타나는 자산을 말한다.

③ 채무증권과 지분증권의 경우에는 재정상태표일 현재 신뢰성 있게 공정가액을 측정할 수 있으면 그 공정가액으로 평가하고, 장부가액과 공정가액의 차이금액은 재정운영표상 재정운영순원가에 반영한다.

④ 순자산은 자산에서 부채를 뺀 금액을 말하며, 기본순자산, 적립금 및 잉여금, 순자산조정으로 구분한다.

07

재고자산의 회계처리에 관한 설명으로 옳지 않은 것은?

① 재고자산에 대한 단위원가 결정방법의 적용은 동일한 용도나 성격을 지닌 재고자산에 대해서는 동일하게 적용해야 하나, 지역별로 분포된 사업장이나 과세방식이 다른 사업장 간에는 동일한 재고자산이라도 원칙적으로 다른 방법을 적용한다.

② 재고자산은 서로 유사하거나 관련 있는 항목들을 통합하여 적용하는 것이 적절하지 않는 한 항목별로 순실현가능가치로 감액하는 저가법을 적용한다.

③ 완성될 제품이 원가 이상으로 판매될 것으로 예상하는 경우에는 그 제품의 생산에 투입하기 위해 보유하는 원재료는 감액하지 아니한다.

④ 재고자산의 감액을 초래했던 상황이 해소되거나 경제상황의 변동으로 순실현가능가치가 상승한 명백한 증거가 있는 경우에는 최초의 장부금액을 초과하지 않는 범위 내에서 평가손실을 환입한다.

08

자본 거래가 발행주식수와 자본금에 미치는 영향에 대한 연결로 옳지 않은 것은?

	자본 거래	발행주식수	자본금
①	주식배당	증가	불변
②	무상감자	감소	감소
③	무상증자	증가	증가
④	주식분할	증가	불변

09

(주)한국의 20X1년도 거래는 다음과 같다. 계속기록법을 적용하였을 경우 기말재고자산가액은 얼마인가? (단, 개별법을 적용한다.)

- 1월 1일 전기이월된 상품은 ₩3,000이다.
- 2월 9일 (주)민국으로부터 상품을 현금으로 구입하였는데, 매입대금 ₩8,000에는 매입운임 ₩1,000이 포함되어 있지 않다.
- 3월 8일 기초상품을 (주)대한에 현금으로 ₩4,000에 판매하였다.
- 7월 9일 (주)민국으로부터 구입한 상품 중 절반을 (주)대한에 외상으로 ₩5,000에 판매하였다.
- 8월 1일 (주)민국으로부터 구입한 상품 중 나머지 절반을 (주)대한에 위탁하였고, 적송운임이 ₩1,000 발생하였다.

① ₩4,500
② ₩5,000
③ ₩5,500
④ ₩6,000

10

(주)한국의 4월 중 원가에 관한 다음 자료에 의하여 직접재료비의 가격차이와 수량차이를 계산하면?

(1) 4월 중 예산생산량	1,500개
(2) 직접 원재료 표준	@₩500, 단위당 2kg
(3) 직접 원재료 실제사용량	3,000kg
(4) 직접 원재료 실제구입가격	@₩600
(5) 당기 제품 실제생산량	1,400개

	가격차이	수량차이
①	₩300,000(유리)	₩100,000(유리)
②	₩300,000(불리)	₩100,000(불리)
③	₩100,000(불리)	₩300,000(불리)
④	₩300,000(불리)	₩100,000(유리)

11

유형자산의 회계처리에 관한 다음 설명 중 옳지 않은 것은?

① 유형자산의 취득시점에 그 자산을 사용한 결과 해체, 제거하거나 부지를 복구하는 데 소요될 것으로 추정되는 원가는 유형자산의 취득원가에 포함한다.
② 생산용식물은 유형자산으로 회계처리하며, 생산용식물에서 자라는 생산물은 생물자산으로 회계처리한다.
③ 비화폐성 자산간의 교환거래가 상업적 실질을 결여하지 않은 경우, 제공한 자산과 취득한 자산 모두의 공정가치를 신뢰성 있게 측정할 수 없다면 유형자산의 취득원가는 그 교환으로 취득한 자산의 장부금액으로 측정한다.
④ 유형자산의 잔존가치가 해당 자산의 장부금액보다 같거나 큰 금액으로 증가하는 경우 자산의 잔존가치가 장부금액보다 작은 금액으로 감소될 때까지는 유형자산을 감가상각하지 않는다.

12

「지방자치단체 회계기준에 관한 규칙」상 재정운영표에 대한 설명으로 옳지 않은 것은?

① 교환거래로 생긴 수익은 재화나 서비스 제공의 반대급부로 생긴 사용료, 수수료 등으로서 해당수익에 대한 청구권이 발생하고 그 금액을 합리적으로 측정할 수 있을 때에 인식한다.
② 사업순원가는 총원가에서 사업수익을 빼서 표시하며, 총원가는 사업을 수행하기 위하여 투입한 원가에서 다른 사업으로부터 배부받은 원가를 더하고, 다른 사업에 배부한 원가를 뺀 것이다.
③ 수익은 재원조달의 원천에 따라 지방자치단체가 독자적인 과세권한과 자체적인 징수활동을 통하여 조달한 자체조달수익, 회계실체가 국가 또는 다른 지방자치단체로부터 이전받은 정부간 이전수익, 자체조달수익 및 정부간이전수익 외의 수익인 기타수익으로 구분한다.
④ 재정운영순원가는 사업순원가에서 관리운영비 및 비배분비용은 더하고 비배분수익을 빼서 표시하며, 관리운영비는 조직의 일반적이고 기본적인 기능을 수행하는 데 필요한 인건비, 기본경비 및 운영경비이다.

13

(주)한국은 20X1년 1월 1일에 무형자산인 산업재산권(내용연수 5년, 잔존가치 ₩0, 정액법상각)을 ₩100,000에 취득하고 사용을 시작하였다. (주)한국은 산업재산권에 대하여 매 회계연도 말 공정가치로 재평가한다. 20X1년 말과 20X2년 말 산업재산권의 공정가치는 각각 ₩88,000, ₩52,800이다. 산업재산권과 관련하여 20X2년 당기손익에 반영할 재평가손실은 얼마인가?

① ₩2,600
② ₩3,400
③ ₩5,200
④ ₩7,200

14

다음 중 무형자산의 회계처리에 대한 설명으로 옳지 않은 것은?

① 내용연수가 비한정인 무형자산은 상각하지 아니한다. 다만, 매년 그리고 무형자산의 손상을 시사하는 징후가 있을 때마다 회수가능액과 장부금액을 비교하는 손상검사를 수행하여 손상차손을 인식한다.
② 컴퓨터로 제어되는 기계장치가 특정 컴퓨터 소프트웨어가 없으면 가동이 불가능한 경우에는 그 기계장치를 소프트웨어의 일부로 보아 무형자산으로 회계처리한다.
③ 기업은 숙련된 종업원이나 교육훈련으로부터 발생하는 미래경제적효익에 대해서는 일반적으로 무형자산의 정의를 충족하기에는 충분한 통제권을 가지고 있지 않으므로 무형자산의 정의를 충족할 수 없다.
④ 무형자산에 재평가모형을 적용하는 경우 같은 분류의 기타 모든 자산도 그에 대한 활성거래시장이 없는 경우를 제외하고는 유형자산과 동일한 방법을 적용하여 회계처리한다.

15

(주)한국은 스타일러를 제조 판매하는 회사이다. 판매한 스타일러에 대해 2년간 무상으로 품질보증 서비스를 제공한다. 이와 관련된 회계처리에 대한 설명으로 옳은 것은?

① 과거에 우발부채로 처리하였다면 미래경제적효익의 유출 가능성이 높아진 경우에도 그러한 가능성의 변화가 생긴 기간의 재무제표에 충당부채로 인식할 수 없다.
② 보증의무를 이행하기 위하여 경제적 효익이 있는 자원을 유출할 가능성이 희박하다면 충당부채를 계상하지 않고 우발부채로 공시한다.
③ 보증의무를 이행하기 위해 경제적 효익이 있는 자원이 유출될 가능성이 높고, 의무를 이행하기 위한 금액을 신뢰성 있게 추정할 수 있다면 충당부채로 인식한다.
④ 보증의무를 이행하기 위한 자원의 유출가능성은 높지만 금액을 신뢰성 있게 추정할 수 없다면 우발부채로도 공시할 수 없다.

16

다음 자료를 이용한 매출총이익은? (단, 회전율 계산 시 기초와 기말의 평균값을 이용한다.)

○ 기초 매출채권 ₩450	○ 기말 매출채권 ₩550
○ 기초 재고자산 ₩360	○ 기말 재고자산 ₩440
○ 매출채권회전율 5회	○ 재고자산회전율 4회

① ₩700
② ₩800
③ ₩900
④ ₩1,000

17

(주)한국은 정상개별원가계산을 적용하고 있으며, 기계가동시간을 기준으로 제조간접원가를 예정배부한다. (주)한국의 20X1년 제조간접원가 관련 자료가 다음과 같을 때, 실제 발생한 제조간접원가는?

○ 제조간접원가 예산	₩150,000
○ 예상 기계가동시간	3,000시간
○ 실제 기계가동시간	3,200시간
○ 제조간접원가 배부차이	₩5,000 과소배부

① ₩155,000
② ₩165,000
③ ₩170,000
④ ₩175,000

18

(주)한국은 20X1년 1월 1일 석유 플랫폼을 ₩300,000에 구입하였다. 이 시설장치는 5년간 사용이 가능하고 잔존가치는 없는 것으로 추정하며, 정액법으로 감가상각을 한다. 또한 회사는 5년 후 시설장치를 해체하여 제거할 법적 의무가 있고, 이를 제거할 경우 ₩100,000의 복구비용이 발생할 것으로 예상된다. 복구비용 산정 시 적용할 할인율은 10%이며, 복구비용의 현재가치는 ₩62,000이다. 다음 구축물의 회계처리에 대한 설명으로 옳지 않은 것은?

① 구축물의 최초 인식금액은 ₩362,000이다.
② 위 구축물과 관련하여 20X1년 당기손익에 미치는 영향은 ₩72,400이다.
③ 20X1년 말 복구충당부채의 장부금액은 ₩68,200이다.
④ 복구시점에 소요되는 원가가 복구예상원가 ₩100,000을 초과하면 발생시점에 비용으로 인식한다.

19

(주)한국은 20X1년 1월 초 A사 지분상품을 ₩10,000에 매입하면서 매입수수료 ₩500을 현금으로 지급하고, 기타포괄손익-공정가치 측정 금융자산으로 분류하였다. 20X1년 12월 말 A사 지분상품의 공정가치가 ₩8,000이라면, 20X1년 말 (주)한국이 인식할 A사 지분상품 관련 평가손익은?

① 금융자산평가손실(당기손익) ₩2,000
② 금융자산평가손실(기타포괄손익) ₩2,000
③ 금융자산평가손실(당기손익) ₩2,500
④ 금융자산평가손실(기타포괄손익) ₩2,500

20

(주)한국은 20X2년 말 장부 마감 전에 다음과 같은 오류사항을 발견하였다.

- 20X2년 외상매입액 ₩10,000을 20X1년에 매입으로 회계처리하였음
- 20X1년 기말재고자산 ₩20,000이 과대계상되었음

(주)한국의 오류수정에 대한 회계처리가 20X2년도 당기순이익에 미치는 영향은?

① ₩10,000 감소
② ₩10,000 증가
③ ₩30,000 감소
④ ₩30,000 증가

제 11 회 베스트 모의고사

목표시간 :
걸린시간 : :

01

'재무보고를 위한 개념체계'에서 제시한 '일반목적재무보고'에 관한 설명으로 옳지 않은 것은?

① 일반목적재무보고의 목적은 정보이용자가 기업에 자원을 제공하는 것과 관련된 의사결정을 할 때 유용한 보고기업 재무정보를 제공하는 것이다.
② 일반목적재무보고서는 보고기업의 가치를 보여주기 위해 고안된 것이 아니지만, 정보이용자가 보고기업의 가치를 추정하는 데 도움이 되는 정보를 제공한다.
③ 일반목적재무보고 이용자의 의사결정은 지분상품 및 채무상품을 매수, 매도 또는 보유하는 것과 대여 및 기타 형태의 신용을 제공 또는 결제하는 것을 포함한다.
④ 일반목적재무보고서의 이용자들은 경제적 의사결정을 위해 객관적이고, 중립적 정보가 필요하기 때문에, 정치적 사건과 정치풍토 등과 같은 정보는 고려되지 않는다.

02

재무제표 표시에 관한 설명으로 옳지 않은 것은?

① 재고자산에 대한 재고자산평가충당금과 매출채권에 대한 대손충당금과 같은 평가충당금을 차감하여 관련 자산을 순액으로 측정하는 것은 상계표시에 해당하지 아니한다.
② 중요하지 않은 정보일지라도 한국채택국제회계기준에서 요구하는 특정 공시는 반드시 제공해야 한다.
③ 기타포괄손익의 구성요소는 관련 법인세효과를 차감한 순액으로 표시할 수 있다.
④ 기타포괄손익의 구성요소는 관련된 법인세효과 반영 전 금액으로 표시하고, 각 항목들에 관련된 법인세효과는 단일 금액으로 합산하여 별도로 표시하는 것이 가능하다.

03

재고자산의 측정에 관한 설명으로 옳지 않은 것은?

① 표준원가법으로 평가한 결과가 실제 원가와 유사하지 않은 경우에는 편의상 표준원가법을 사용할 수 있다.
② 개별법은 통상적으로 상호 교환될 수 없는 항목이나 특정 프로젝트별로 생산되고 분리되는 재화 또는 용역에 적용하는 방법이다.
③ 생물자산에서 수확한 농림어업수확물로 구성된 재고자산은 순공정가치로 측정하여 수확시점에 최초로 인식한다.
④ 소매재고법은 이익률이 유사하고 품종변화가 심한 다품종 상품을 취급하는 유통업에서 실무적으로 다른 원가측정법을 사용할 수 없는 경우에 흔히 사용한다.

04

다음은 제조업을 영위하는 (주)한국의 20X1년 기말 회계자료이다. 20X1년 포괄손익계산서상에 보고하게 될 당기순이익이 ₩120,000이라면 법인세비용은 얼마인가?

• 매출액	₩300,000
• 매출원가	₩125,000
• 대손상각비(대여금)	₩4,000
• 급여(판매사원)	₩20,000
• 사채이자비용	₩3,000
• 감가상각비(본사)	₩1,000
• 임차료(영업점)	₩32,000
• 임대료	₩15,000
• 이자수익(대여금)	₩12,000

① ₩20,000
② ₩22,000
③ ₩24,000
④ ₩30,000

05

유형자산의 회계처리에 대한 설명으로 옳지 않은 것은?

① 주식을 발행하여 유형자산을 취득하는 경우 취득하는 자산의 공정가치를 취득원가로 인식하고, 공정가치가 발행된 주식의 액면금액보다 높은 경우 액면금액을 초과하는 금액은 주식발행초과금으로 인식한다.

② 특수관계자로부터 유형자산을 저가로 구입한 경우 구입한 대가로 지급한 금액을 취득원가로 인식한다.

③ 자가건설 취득원가는 건설과정에서 투입된 직접재료원가, 직접노무원가, 제조간접원가의 합계액을 건설중인자산으로 계상하였다가 완성 시 해당 유형자산의 계정으로 대체한다.

④ 토지를 취득한 이후 조경공사로 인한 추가 지출은 추후 지방자치단체에서 관리해 주기 때문에 회사의 유지·보수책임이 없다면 토지의 장부금액으로 인식한다.

06

다음 설명 중 옳은 것을 모두 고른 것은?

ㄱ. 특정 유형자산을 재평가할 때, 해당 자산이 포함되는 유형자산 분류 전체를 재평가한다.

ㄴ. 자가사용부동산을 공정가치로 평가하는 투자부동산으로 대체하는 시점까지 그 부동산을 감가상각하고, 발생한 손상차손을 인식한다.

ㄷ. 무형자산으로 인식하기 위해서 식별가능성, 자원에 대한 통제 및 미래 경제적 효익의 존재 중 최소 하나 이상의 조건을 충족하여야 한다.

ㄹ. 무형자산을 창출하기 위한 내부 프로젝트를 연구단계와 개발단계로 구분할 수 없는 경우에는 그 프로젝트에서 발생한 지출은 모두 개발단계에서 발생한 것으로 본다.

① ㄱ, ㄴ

② ㄱ, ㄷ

③ ㄴ, ㄹ

④ ㄷ, ㄹ

07

다음 자료를 이용하여 계산한 당기의 비용총액은?

기초자산	₩22,000	기말자산	₩80,000
기초부채	₩3,000	기말부채	₩50,000

- 현금배당 ₩1,000
- 유상증자 ₩7,000
- 무상증자 ₩4,000
- 유상감자 ₩12,000
- 수익총액 ₩35,000

① ₩12,000

② ₩18,000

③ ₩22,000

④ ₩35,000

08

다음은 사채발행에 관한 설명으로 옳지 않은 것은?

① 사채할증발행차금을 유효이자율법으로 상각할 경우 사채할증발행차금상각액은 기간의 경과에 따라 매년 감소한다.

② 사채할인발행차금을 유효이자율법으로 상각할 경우 이자비용은 기간의 경과에 따라 매년 증가한다.

③ 기발행된 사채할인발행차금상각액은 사채기간 동안의 시장이자율에 영향을 받지 않는다.

④ 사채할인발행차금을 상각 시 이자비용은 상각액만큼 증가하므로 당기순이익은 감소하고 사채의 장부금액은 증가한다.

09

(주)한국의 20X1년 1월 1일 현재 총주주지분은 다음과 같다.

• 보통주자본금	₩1,000,000
(액면가액 ₩100, 발행주식수 10,000주)	
• 주식발행초과금	₩200,000
• 미처분이익잉여금	₩300,000
• 자본총계	₩1,500,000

(주)한국은 자기주식에 대하여 한국채택국제회계기준에 따라 회계처리하고 있으며, 자기주식과 관련된 거래는 다음과 같다.

- 3월 1일: 자기주식 1,000주를 주당 ₩200에 취득
- 4월 1일: 자기주식 500주를 주당 ₩300에 매각
- 7월 1일: 자기주식 500주 소각

20X1년 중 다른 자본거래가 없었다면 7월 1일 자기주식 소각 직후 자본금 잔액과 위 자기주식거래가 자본총계에 미치는 영향은 얼마인가?

	자본금 잔액	자본총계에 미치는 영향
①	₩900,000	₩50,000 감소
②	₩950,000	₩50,000 감소
③	₩900,000	₩50,000 증가
④	₩950,000	₩50,000 증가

10

다음은 충당부채, 우발부채, 우발자산에 대한 설명이다. 적절하지 아니한 것은?

① 우발자산은 수익의 실현이 거의 확실 시 되지 않으면 자산으로 인식할 수 없으며, 자원의 유입가능성이 높고 금액을 신뢰성 있게 추정할 수 있는 경우 주석으로 공시한다.

② 충당부채로 인식할 금액은 최선의 추정치이며, 화폐의 시간가치가 중요한 경우 현재가치로 평가한다.

③ 과거사건으로 인해 기업이 미래 이행해야 할 현재의무는 법적의무와 의제의무가 있다.

④ 자원의 유출가능성이 아주 낮은 경우가 아니라면 우발부채는 주석으로 공시한다.

11

(주)한국은 대손에 대해 충당금설정법을 적용하고 있으며, 추정미래현금흐름에 대한 자료는 다음과 같다. 회사가 20X2년 중 ₩4,500의 매출채권을 회수불능으로 확정처리하였으며, 20X2년 포괄손익계산서에 계상된 대손상각비가 ₩3,800이라고 할 때, 회사의 20X1년 말 매출채권에 대한 추정미래현금흐름은 얼마인가? (단, 미래현금흐름 추정액의 명목금액과 현재가치의 차이가 중요하지 않다.)

구분	20X1년 말	20X2년 말
매출채권	₩80,000	₩94,000
추정미래현금흐름	?	₩91,500

① ₩76,800
② ₩77,500
③ ₩76,200
④ ₩79,300

12

수익 인식 시 거래가격에 관한 설명 중 옳지 않은 것은?

① 거래가격은 고객에게 약속한 재화나 용역을 이전하고 그 대가로 기업이 받을 권리를 갖게 될 것으로 예상하는 금액이며, 제3자를 대신하여 회수한 금액은 제외한다.

② 고객이 약속한 대가 중 상당한 금액이 변동될 수 있으며 그 대가의 금액과 시기는 고객이나 기업이 실질적으로 통제할 수 없는 미래 사건의 발생 여부에 따라 달라진다면, 그 계약에는 유의적인 금융요소가 존재한다고 볼 수 있다.

③ 고객이 현금 외의 형태로 대가를 약속한 계약의 경우에 거래가격을 산정하기 위하여 비현금대가(또는 비현금대가의 약속)를 공정가치로 측정한다.

④ 고객에게 지급할 대가가 고객에게서 받은 구별되는 재화나 용역의 공정가치를 초과한다면, 그 초과액을 거래가격에서 차감하여 회계처리한다.

13

(주)한국은 20X1년도에 재고자산의 평가방법을 후입선출법에서 선입선출법으로 정책을 변경한 결과 20X1년도의 기초재고자산과 기말재고자산이 각각 ₩100,000과 ₩150,000만큼 감소하였다. 이러한 회계변경이 20X1년도 이익잉여금과 당기순이익에 미치는 영향은 각각 얼마인가? (법인세효과는 무시한다.)

	이익잉여금의 증감	당기순이익의 증감
①	₩150,000 감소	₩50,000 증가
②	₩150,000 감소	₩50,000 감소
③	₩0	₩50,000 증가
④	₩0	₩50,000 감소

14

(주)한국은 단일제품 A를 생산하며 판매하는 회사이다. 제품 A의 단위당 예상판매가격이 ₩5,000이고, 공헌이익률은 20%이다. 연간 고정원가가 ₩4,000,000일 때, 단일제품 A의 손익분기점 매출수량은 몇 개인가?

① 3,800개
② 4,000개
③ 4,200개
④ 4,500개

15

(주)한국은 20X1년 영업을 개시하였으며, 당기 중에 제조 및 판매에 관한 자료는 다음과 같다. 재공품의 기말재고액을 무시할 경우 전부원가계산과 변동원가계산의 영업활동의 결과 이익은 어느 방식이 얼마나 많게 계상되는가?

• 당기완성품수량	10,000개
• 당기매출수량	9,000개
• 직접재료비	₩4,000,000
• 직접노무비	₩2,000,000
• 변동제조간접비	₩1,200,000
• 변동판매관리비	₩450,000
• 고정제조간접비	₩2,500,000
• 고정판매관리비	₩3,000,000

① 전부원가계산 ₩250,000
② 변동원가계산 ₩250,000
③ 전부원가계산 ₩450,000
④ 변동원가계산 ₩450,000

16

(주)한국은 본사 사옥을 신축하기 위하여 토지를 취득하였는데 이 토지에는 철거예정인 창고가 있다. 다음 자료를 고려할 때, 토지의 취득원가는 얼마인가?

• 토지 구입대금	₩1,000,000
• 사옥 신축 개시 이전까지 토지 임대를 통한 수익	₩25,000
• 토지 취득세 및 등기수수료	₩70,000
• 창고 철거비	₩10,000
• 창고 철거 시 발생한 폐자재 처분 수입	₩5,000
• 본사 사옥 설계비	₩30,000
• 본사 사옥 공사대금	₩800,000

① ₩1,050,000
② ₩1,075,000
③ ₩1,080,000
④ ₩1,100,000

17

종합원가계산제도를 채택하고 있는 (주)한국의 가공비 완성품 환산량을 계산하면?

• 기초재공품	1,000개(30%)
• 당기착수량	10,000개
• 당기완성품	7,000개
• 기말재공품	4,000개(30%)

• 선입선출법에 따르고, 재료는 기초에 전량 투입되고 가공비는 공정이 진척됨에 따라 투입되는 것으로 한다.

① 10,000개
② 6,500개
③ 7,000개
④ 7,900개

18

다음 자료를 이용하여 당기총제조원가 중 기초(기본)원가를 계산하면 얼마인가?

ㅇ 기초재공품은 기말재공품의 200%
ㅇ 매출원가 ₩20,000, 기초제품 ₩5,000, 기말제품 ₩3,000
ㅇ 직접재료원가 발생액은 ₩6,000
ㅇ 제조간접원가는 직접노무원가 발생액의 $\frac{1}{2}$만큼 발생
ㅇ 기말재공품은 ₩3,000

① ₩8,000
② ₩9,000
③ ₩12,000
④ ₩15,000

19

「국가회계기준에 관한 규칙」에 대한 다음 설명 중 옳지 않은 것은?

① 중앙관서 또는 기금의 재무제표를 통합하여 작성하는 국가의 재정운영표는 분야별 재정운영표와 성질별 재정운영표로 구분하여 작성한다.
② 국가회계실체 사이에서 발생하는 관리전환은 유·무상 거래에 관계없이 자산의 공정가액을 취득원가로 한다.
③ 중앙관서 또는 기금의 순자산변동표는 기초순자산, 재정운영결과, 재원의 조달 및 이전, 조정항목, 기말순자산으로 구분하여 표시한다.
④ 국세수익은 중앙관서 또는 기금의 성질별 재정운영표상 수익에는 표시되지 않고, 국가의 성질별 재정운영표상 수익에 표시된다.

20

다음 중 「지방자치단체기준에 관한 규칙」에 대한 설명으로 옳지 않은 것은?

① 유형별 회계실체 재무제표는 개별 회계실체의 재무제표를 합산하여 작성하며 유형별 회계실체 안에서의 내부거래는 상계하고 작성한다.
② 비망계정은 어떤 경제활동의 발생을 기억하기 위해 기록하는 계정을 말하며, 자산 또는 부채로 표시할 수 있다.
③ 사회기반시설은 초기에 대규모 투자가 필요하고 파급효과가 장기간에 걸쳐 나타나는 지역사회의 기반적인 자산을 말하며, 사회기반시설에 대한 사용수익권은 해당 자산의 차감항목으로 표시한다.
④ 고정순자산은 일반 유형자산, 주민편의시설, 사회기반시설 및 무형자산의 투자액에서 그 시설의 투자재원을 마련할 목적으로 조달한 장기차입금 및 지방채증권을 뺀 금액으로 한다.

제 12 회 베스트 모의고사

⏱ 목표시간 :
⏱ 걸린시간 : :

01

다음 현금 T계정을 통해 거래를 설명한 내용 중 옳지 않은 것은?

현금

1/3 자본금	₩10,000,000	2/10 재고자산	₩4,000,000
4/20 외상매출금	₩5,000,000	2/5 차입금	₩3,000,000

① 1월 3일 현금 ₩10,000,000을 출자 받았다.
② 2월 10일 재고자산을 매입하고 현금으로 ₩4,000,000을 현금으로 지급하였다.
③ 4월 20일 거래처에서 외상매출금 ₩5,000,000을 현금으로 회수하였다.
④ 2월 5일 은행으로부터 ₩3,000,000을 차입하였다.

02

다음 중 「재무보고를 위한 개념체계」에서 규정하고 있는 재무제표 요소의 측정에 대한 설명으로 옳지 않은 것은?

① 자산을 취득하거나 창출할 때의 역사적 원가는 자산의 취득 또는 창출로 인해 발생한 원가의 가치로 자산을 취득 또는 창출하기 위해 지급한 대가에 거래원가는 포함하지 않는다.
② 공정가치는 측정일에 시장 참여자들 사이의 정상적인 거래에서 자산을 매도할 때 받거나 부채를 이전할 때 지급하게 될 가격으로 거래원가는 포함하지 않는다.
③ 부채의 이행가치는 기업이 부채를 이행할 때 이전해야 하는 현금이나 그 밖의 경제적 자원의 현재가치이다.
④ 자산의 현행원가는 측정일 현재 동등한 자산의 원가로서 측정일에 지급해야 할 대가와 그날에 발생한 거래원가를 포함한다.

03

다음 자료를 이용하여 실물자본유지관점에서 (주)한국의 당기순손익을 계산하면 얼마인가?

- (주)한국은 기초에 현금 ₩1,000으로 영업을 시작하였다.
- 기초에 상품A를 단위당 ₩200에 5개를 현금구입하고, 기중에 5개를 단위당 ₩400에 현금판매하였다.
- 당기 일반물가인상률은 10%이다.
- 기말 상품A의 구입가격은 ₩300으로 인상되었다.
- 기말 현금 보유액은 ₩2,000이다.

① ₩1,000 손실
② ₩500 손실
③ ₩0
④ ₩500 이익

04

재무제표 표시에 관한 설명으로 옳지 않은 것은?

① 기업이 상당기간 계속사업이익을 보고하였고, 보고기간 말 현재 경영에 필요한 재무자원을 확보하고 있는 경우에는 자세한 분석이 없이도 계속기업을 전제로 한 회계처리가 적절하다는 결론을 내릴 수 있다.
② 기업은 비용의 성격별 또는 기능별 분류 방법 중에서 신뢰성 있고 더욱 목적적합한 정보를 제공할 수 있는 방법을 적용하여 당기손익으로 인식한 비용의 분석내용을 표시한다.
③ 상법 등 관련 법규에서 이익잉여금처분계산서의 작성을 요구하는 경우에는 재무상태표의 이익잉여금에 대한 보충정보로서 이익잉여금처분계산서를 주석으로 공시한다.
④ 이익의 분배에 대해 서로 다른 권리를 가지는 보통주 종류별로 이에 대한 기본주당이익과 희석주당이익을 포괄손익계산서에 표시하지만, 기본주당이익과 희석주당이익이 부의금액(즉, 주당손실)인 경우에는 표시하지 않는다.

05

다음은 (주)한국의 20X1년 8월 재고자산에 관한 자료이다.

구분	8월 1일	8월 31일
직접재료	₩4,000	₩5,000
재공품	₩7,000	₩6,000
제품	₩20,000	₩22,000

(주)한국의 20X1년 8월 중 직접재료 매입액은 ₩25,000이고, 매출원가는 ₩68,000이다. (주)한국의 20X1년 8월의 가공원가는?

① ₩45,000
② ₩48,000
③ ₩50,000
④ ₩53,000

06

(주)한국은 20X0년 1월 1일에 취득한 기계장치에 대해서 20X1년 1월 1일을 기준으로 다음과 같이 정당한 회계추정의 변경을 하였다.

(1) 취득원가: ₩1,000,000
(2) 감가상각방법: 연수합계법에서 정액법으로 변경
(3) 내용연수: 4년에서 5년으로 변경
(4) 잔존가치: ₩50,000에서 ₩0으로 변경

이와 같은 회계추정의 변경에 따라 (주)한국이 20X1년에 계상할 감가상각비의 금액은 얼마인가?

① ₩155,000
② ₩255,000
③ ₩250,000
④ ₩275,000

07

(주)한국은 외상매출의 결제대금으로부터 받은 6개월 만기 액면가액 ₩1,000,000의 이자부어음의 자금사정이 어려워 발행일로부터 1개월이 지난 후 연 12%의 할인율로 할인하여 현금으로 수령하고 다음과 같이 분개하였다. 이에 대한 설명으로 옳지 않은 것은?

(차) 현금	₩978,500	(대) 단기차입금	₩1,000,000
이자비용	₩26,500	이자수익	₩5,000

① 어음할인은 차입거래로 보고 회계처리하였다.
② 어음의 양도와 관련하여 실질적인 위험과 효익이 이전되지 않았거나, 어음에 대한 통제권이 이전되지 않았을 경우에 해당한다.
③ 어음의 액면이자율은 10%이다.
④ 위 거래로 인하여 매출채권은 제거되지 않고 부채비율은 증가하게 된다.

08

다음 중 결합원가의 배분방법에 대한 설명으로 옳지 않은 것은?

① 물량기준법은 연산품에 공통되는 물리적 특성에 따라 결합원가를 배분하는 방법이다.
② 분리점에서 판매가치법에 따르면 분리점에서 모든 제품이 판매되었을 경우 제품별 매출총이익률은 일치하게 된다.
③ 순실현가치법은 분리점에서 판매가치를 알 수 없을 경우 적용할 수 없다.
④ 균등이익률법은 기업 전체의 매출총이익률이 개별제품의 매출총이익률과 같도록 결합원가를 배분하는 방법이다.

09

현금흐름표에 관한 설명으로 옳은 것은?

① 현금및현금성자산을 구성하는 항목 간 이동은 영업활동, 투자활동 및 재무활동의 일부일 수 있으므로 이러한 항목 간의 변동은 현금흐름에 포함한다.

② 재무활동은 유·무형자산, 다른 기업의 지분상품이나 채무상품 등의 취득과 처분활동, 제3자에 대한 대여 및 회수활동 등을 포함한다.

③ 투자활동은 기업의 납입자본과 차입금의 크기 및 구성내용에 변동을 가져오는 활동을 말한다.

④ 직접법을 적용하여 표시한 영업활동 현금흐름은 간접법에 의한 영업활동 현금흐름에서는 파악할 수 없는 정보를 제공하기 때문에 미래현금흐름을 추정하는 데 보다 유용한 정보를 제공한다.

10

다음 자료를 이용하여 매출원가를 계산하면 얼마인가?

- 기초재고액 ₩10,000
- 4월 9일 상품 ₩105,000 매입
- 11월 5일 원가 ₩45,000(판매가격 ₩60,000)인 상품을 시용판매하기 위하여 고객에게 배송
- 12월 10일 고객으로부터 판매가격 ₩40,000에 해당하는 시송품의 매입의사 통지를 받음
- 반품가능성이 있는 상품 ₩50,000을 판매하였고, 반품가능성을 합리적으로 추정할 수 있음. 판매한 상품의 20%는 반품될 것으로 추정됨
- 기말 실지재고액 ₩20,000

① ₩35,000

② ₩40,000

③ ₩70,000

④ ₩80,000

11

다른 조건이 동일한 경우 변동원가계산의 당기순이익이 전부원가계산의 당기순이익보다 큰 경우에 해당하는 것은?

① 판매량이 생산량을 초과하는 경우

② 변동제조원가가 증가한 경우

③ 고정제조원가가 증가한 경우

④ 판매량과 생산량이 같은 경우

12

재고자산에 관한 설명으로 옳은 것은?

① 후속 생산단계에 투입하기 전에 보관이 필요한 경우 이외의 보관원가는 재고자산의 취득원가에 포함할 수 있다.

② 확정판매계약을 이행하기 위하여 보유하는 재고자산의 순실현가능가치는 계약가격에 기초하며, 확정판매계약의 이행에 필요한 수량을 초과하는 경우에는 일반 판매가격에 기초한다.

③ 재고자산의 지역별 위치나 과세방식이 다른 경우 동일한 재고자산에 다른 단위원가 결정방법을 적용할 수 있다.

④ 완성될 제품이 원가 이상으로 판매될 것으로 예상하는 경우에는 해당 원재료를 순실현가능가치로 감액한다.

13

(주)한국은 20X1년 4월 1일 사채(표시이자율 8%, 만기 3년, 액면금액 ₩100,000)를 ₩102,800에 발행하였다. 한편 사채의 발행과 관련하여 사채발행비 ₩1,000이 발생하였다. (주)한국이 사채의 발행으로 만기까지 인식해야 할 이자비용의 총액은 얼마인가?

① ₩21,200
② ₩22,200
③ ₩23,000
④ ₩24,000

14

다음 중 한국채택국제회계기준 제1016호 '유형자산'에서 규정하고 있는 유형자산의 인식과 관련된 설명으로 옳지 않은 것은?

① 예비부품, 대기성 장비 및 수선용구와 같은 항목을 한 회계기간을 초과하여 사용할 것이 예상되는 경우에는 유형자산으로 분류하며, 그렇지 않은 경우에는 재고자산으로 분류한다.
② 안전 또는 환경상의 이유로 취득하는 유형자산은 그 자체로는 직접적인 미래 경제적효익을 얻을 수 없기 때문에 자산으로 인식할 수 없으며, 지출시점에 즉시 당기손익으로 인식한다.
③ 유형자산의 일부를 대체할 때 발생하는 원가가 인식기준을 충족하는 경우에는 이를 해당 유형자산의 장부금액에 포함하여 인식하며, 이 경우 대체되는 부분의 장부금액은 재무상태표에서 제거한다.
④ 일상적인 수선 · 유지와 관련하여 발생하는 원가는 해당 유형자산의 장부금액에 포함하여 인식하지 아니하며, 발생시점에 당기손익으로 인식한다.

15

(주)한국의 20X1년 매출액은 ₩500,000, 총고정원가는 ₩160,000, 공헌이익률은 40%이며, 법인세율은 30%이다. 다음 설명 중 옳지 않은 것은? (단, 기초재고와 기말재고는 동일하다.)

① 안전한계율은 25%이다.
② 영업레버리지도는 5이다.
③ 세후 영업이익은 ₩28,000이다.
④ 손익분기점 매출액은 ₩400,000이다.

16

다음 중 투자부동산에 대한 설명으로 옳지 않은 것은?

① 투자부동산에 대해 공정가치모형을 적용하는 경우 사업목적 변경시점의 공정가치로 분류한다.
② 자가사용부동산을 공정가치로 평가하는 투자부동산으로 대체하는 경우 변경시점의 공정가치 차액은 유형자산의 재평가모형의 방법을 그대로 적용한다.
③ 재고자산을 공정가치로 평가하는 투자부동산으로 대체하는 경우 재고자산의 장부금액과 대체시점의 공정가치의 차액은 재고자산에서 발생한 손익이므로 재고자산의 매각과 동일하게 기타포괄손익으로 인식한다.
④ 건설이나 개발이 완료되어 건설중인자산을 공정가치로 평가하는 투자부동산으로 대체하는 경우 부동산의 장부금액과 대체시점의 공정가치 차액은 당기손익으로 인식한다.

17

무형자산에 대한 설명으로 옳지 않은 것은?

① 연구단계에서 발생한 지출은 자산의 요건을 충족하는지를 합리적으로 판단하여 무형자산으로 인식 또는 발생한 기간의 비용으로 처리한다.
② 사업결합으로 취득하는 무형자산의 취득원가는 취득일의 공정가치로 한다.
③ 무형자산의 상각방법을 결정할 수 없을 때는 정액법을 사용한다.
④ 숙련된 종업원이나 교육훈련을 통해 습득된 기술 향상은 무형자산을 인식하기에 충분한 통제권을 가지고 있지 않기 때문에 무형자산으로 인식할 수 없다.

18

(주)한국건설은 20X1년 초에 (주)민국과 건설공사계약을 체결하였다. 공사기간은 3년이고 총도급금액은 ₩10,000,000이다. 20X2년 말 현재까지의 공사진척도는 70%이며, 그 동안 발생된 공사원가 및 총공사원가 추정액에 대한 자료는 다음과 같다.

	20X1년	20X2년
당해연도 발생원가	₩?	₩3,200,000
총공사원가 추정액	₩8,000,000	₩8,000,000

(주)한국건설이 20X1년에 인식한 공사이익은 얼마인가?

① ₩550,000
② ₩600,000
③ ₩400,000
④ ₩700,000

19

「지방자치단체 회계기준에 관한 규칙」 상 부채에 대한 설명으로 옳은 것은?

① 재정상태표상 부채는 유동부채, 장기차입부채, 장기충당부채 및 기타비유동부채로 분류한다.
② 비화폐성 외화부채는 해당 부채를 부담한 당시의 적절한 환율로 평가한 가액을 재정상태표 가액으로 함을 원칙으로 한다.
③ 부채의 가액은 회계실체가 지급의무를 지는 채무액을 말하며, 채무액은 「지방자치단체 회계기준에 관한 규칙」에서 정하는 것을 제외하고는 현재가치로 평가함을 원칙으로 한다.
④ 장기연불조건의 매매거래, 장기금전대차거래 또는 이와 유사한 거래에서 발생하는 채무로서 명목가액과 현재가치의 차이가 중요한 경우에도 이를 명목가액으로 평가한다.

20

다음의 자료에서 중앙관서 수준에서 작성되는 국가회계기준 재정운영표에 반영될 프로그램수익은 얼마인가? (단, 일반유형자산처분이익은 정부사업(프로그램)과 무관하다.)

구분	금액
국세수익	₩30,000
연금수익	₩8,000
이자수익	₩1,000
부담금수익	₩10,000
용역제공수익	₩15,000
일반유형자산처분이익	₩5,000

① ₩16,000
② ₩23,000
③ ₩33,000
④ ₩45,000

정답 및 해설편

제1~12회

제 1 회 정답 및 해설

구분	재무	원가	정부	계
계산	6	3	-	9
서술	8	1	2	11
계	14	4	2	20

01	02	03	04	05	06	07	08	09	10	11	12	13	14	15	16	17	18	19	20
②	①	①	①	①	③	④	①	②	④	③	③	①	②	③	③	③	①	④	③

01

정답 ②

② 「주식회사 등의 외부감사에 대한 법률」의 적용을 받은 모든 기업이 한국채택국제회계기준을 **적용해야 하는 것은 아니다.** 「주식회사 등의 외부감사에 대한 법률」에 따라 회계기준을 준수하여 재무제표를 작성해야 하고, 회계기준은 일반기업회계기준과 한국채택국제회계기준, 중소기업회계기준의 3가지로 구분된다.

02

정답 ①

(1) 기초 자본 = 기초 자산 - 기초 부채 = ₩30,000 – ₩15,000 = ₩15,000
(2) 기말 자본 = 기말 자산 - 기말 부채 = ₩40,000 – ₩20,000 = ₩20,000

기초 자본	₩15,000
당기순이익	+ ₩5,000
기타포괄손익	≪₩0≫
기말 자본	₩20,000

*주식배당은 자본총계에 영향을 주지 않는 항목이다.

03

정답 ①

재무상태표

현금	₩2,000	선수수익	₩800
재고자산	₩3,000	매입채무	₩1,500
매출채권	₩2,500		
대손충당금	(₩300)	자본금	₩4,000
기계장치	₩14,000	이익잉여금	≪₩9,900≫
감가상각누계액	(₩5,000)		
계	₩16,200	계	₩16,200

04

정답 ①

① 단순 계약은 **회계상 거래로 보지 않는다.**
회계상 거래는 '재산상의 변화'와 '금액의 신뢰성 있는 추정' 두 가지 요건을 만족해야 한다.
② 비품의 파손은 자산 손상이 발생하였고,
③ 제품생산을 위해 기계장치를 사용한 것은 감가상각이 발생하였고,
④ 수선 후 청구서를 수령하였다면 수선비가 발생함과 동시에 부채가 발생하였다.

05

정답 ①

(1) 유동자산 = 자산총계 − 비유동자산 = ₩28,000 − ₩16,000 = ₩12,000
(2) 유동비율 = 유동자산/유동부채 = ₩12,000/유동부채 = 150%
∴ 유동부채 = ₩8,000
(3) 비유동부채 = 자산총계 − 자본총계 − 유동부채 = ₩28,000 − ₩13,000 − ₩8,000 = ₩7,000
∴ B = 장기차입금 = ₩7,000
(4) 당좌비율 = 당좌자산/유동부채 = 당좌자산/₩8,000 = 120%
∴ 당좌자산 = ₩9,600
(5) 재고자산 = 유동자산 − 당좌자산 = ₩12,000 − ₩9,600 = ₩2,400
∴ A = 재고자산 = ₩2,400

06

정답 ③

③ 적시성은 의사결정에 영향을 미칠 수 있도록 의사결정자가 정보를 제때에 이용가능하게 하는 것을 의미한다. 그렇다고 해서 보고기간 말 후의 모든 정보가 **적시성이 없는 것은 아니다.**

07

정답 ④

④ 재무제표 항목의 표시와 분류는 매기 동일하여야 비교가능성이 제고되어 회계정보가 유용해진다. 다만 다음의 경우처럼 변경된 표시방법이 재무제표 이용자에게 신뢰성 있고 더욱 목적적합한 정보를 제공하며, 변경된 구조가 지속적으로 유지될 가능성이 높아 비교가능성을 저해하지 않을 것으로 판단할 때에만 재무제표의 표시방법을 변경할 수 있다.

㉠ 사업환경의 변화: 사업내용의 중요한 변화나 재무제표를 검토한 결과 다른 표시나 분류방법이 더 적절한 것이 명백한 경우 ㉡ 기준의 요구: **한국채택국제회계기준에서 표시방법의 변경을 요구하는 경우**

08

정답 ①

② 계약상 현금흐름을 수취하기 위해 보유하는 것이 목적인 사업모형 하에서 금융자산을 보유하고, 계약조건에 따라 특정일에 원금과 원금 잔액에 대한 이자 지급만으로 구성되어 있는 현금흐름이 발생한다면 금융자산을 **상각후원가**로 측정한다.
③ 계약상 현금흐름의 수취와 금융자산의 매도 둘 다를 통해 목적을 이루는 사업모형 하에 금융자산을 보유하고, 계약조건에 따라 특정일에 원리금 지급만으로 구성되어 있는 현금흐름이 발생한다면 금융자산을 **기타포괄손익 – 공정가치**로 측정한다.
④ 당기손익 – 공정가치로 측정되는 지분상품에 대한 특정 투자에 대해서는 후속적인 공정가치 변동을 기타포괄손익으로 표시하도록 최초 인식시점에 선택할 수도 있다. 다만, **한번 선택했다면 이를 취소할 수 없다.**

09

정답 ②

(1) 매입

매입채무

현금지급에 의한 매입채무 감소	₩17,500	기초매입채무	₩4,000
기말매입채무	₩6,000	매입	≪₩19,500≫
	₩23,500		₩23,500

(2) 매출원가

상품

기초상품	₩6,000	매출원가	≪₩20,000≫
당기상품매입액	₩19,500	기말상품	₩5,500
판매가능상품	₩25,500	판매가능상품	₩25,500

(3) 매출액 = 매출원가 + 매출총이익 = ₩20,000 + ₩5,000 = ₩25,000

참고 분개법

IS	매출원가	≪₩20,000≫		
BS			매입채무의 증가	₩2,000
			재고자산의 감소	₩500
CF			현금지급에 의한 매입채무 감소액	₩17,500

10

정답 ④

구분	회계처리
① 새로운 시설을 개설하는 데 소요되는 원가	당기 비용처리(판매비와 관리비)
② 경영진이 의도한 방식으로 유형자산을 가동할 수 있는 장소와 상태에 이르게 하는 동안에 재화가 생산된다면 그러한 재화를 판매하여 얻은 매각금액과 그 재화의 원가	당기 손익처리 (매각금액은 수익, 재화의 원가는 비용)
③ 유형자산이 경영진이 의도하는 방식으로 가동될 수 있으나 아직 실제로 사용되지는 않고 있는 경우 또는 가동수준이 완전조업도 수준에 미치지 못하는 경우에 발생하는 원가	당기 비용처리
④ 자산을 해체, 제거하거나 부지를 복구하는 데 소요될 것으로 최초에 추정되는 원가	복구충당부채(& 자산의 취득원가)

11

정답 ③

① 투자부동산을 최초로 인식한 후 당해 자산에 대하여 공정가치모형과 원가모형 중에서 **하나를 선택하여 모든 투자부동산에 대해 적용한다**. 그러므로 일부 투자부동산에 대해서는 공정가치 모형을 적용하고, 일부 투자부동산에 대해서는 원가모형을 적용할 수는 없다.

② 공정가치모형을 선택한 경우 공정가치 변동으로 인해 발생하는 손익은 **당기손익**으로 인식한다.

④ 공정가치모형을 최초로 적용하는 경우 유형자산은 예외규정을 적용하지만 투자부동산은 예외규정을 적용하지 않으므로 과거기간의 재무제표를 소급하여 **재작성한다**.

12

정답 ③

① 사채를 할증발행할 경우 인식하게 될 이자비용은 **현금이자지급액에서 사채할증발행차금 상각액을 차감**하여 인식한다.

② 사채를 할인발행하는 경우 사채할인발행차금 상각액은 점차 **증가**한다.

④ 사채할인발행차금상각액과 사채할증발행차금상각액 모두 **총발생액과 각 기간의 상각액의 합계금액은 일치**한다.

13

정답 ①

기계장치의 취득원가를 A라 하면,

×3년 감가상각비 = ₩10,000 = (A − ₩50,000) × 2/(4 + 3 + 2 + 1)

∴ A = ₩100,000

14

정답 ②

수정 전 손익	₩40,000
미수이자수익 발생	₩10,000
선수수익의 수익실현	₩40,000
매출채권의 현금 회수(손익에 미치는 영향 ×)	−
매입채무의 현금 상환(손익에 미치는 영향 ×)	−
미지급이자비용의 발생	(₩3,000)
수정 후 손익	₩87,000

15

정답 ③

③ **당기제품제조원가**는 특정 기간 동안 완성된 제품의 제조원가를 의미하며, **당기총제조원가**는 특정 기간 동안 재공품 계정에 가산되는 총금액으로 생산완료와는 상관없이 해당 기간 동안 투입된 제조원가가 모두 포함된다.

16

정답 ③

(1) 직접노무원가의 배분 = ₩10,000/100시간 = ₩100/시간

(2) 정상적으로 배부되었어야 하는 제조간접원가 = ₩100 × 120시간 = ₩12,000

(3) 제조간접원가 과소배부액이 ₩1,000이므로 실제 발생액은 ₩13,000이다.

17

정답 ③

(1) 기말재공품의 가공원가 ₩60,000 = 기말재공품의 완성품 환산량 × 완성품환산량단위당원가 ₩200

　∴ 기말재공품의 완성품 환산량 = 300단위

(2) 기말재공품 완성품 환산량 300단위 = 기말재공품 수량 × 완성도 60%

　∴ 기말재공품 수량 = 500단위

18

정답 ①

(1) 기업전체의 매출원가율 = (₩120,000 + ₩60,000)/(₩100,000 + ₩80,000 + ₩120,000) = 60%

(2) C의 매출원가 = C의 판매액 × 매출원가율 = ₩120,000 × 60% = ₩72,000

(3) C의 매출원가 = C의 결합원가 + 추가가공원가 = C의 결합원가 + ₩60,000 = ₩72,000

∴ C의 결합원가 = ₩12,000

19

정답 ④

④ 국가회계실체 사이에 발생하는 관리전환은 유상거래일 경우에는 자산의 **공정가액**을 취득원가로 한다.

20

정답 ③

① 부채는 **유동부채, 장기차입부채 및 기타비유동부채**로 구분하여 재정상태표에 표시한다. 장기차입부채는 국가회계기준에서는 차입부채에 포함되어 표시되지만, 지방자치단체 회계기준에서는 기타비유동부채에 포함되어 표시된다.

② **고정순자산**은 주민편의시설, 사회기반시설 및 무형자산의 투자액에서 그 시설의 투자재원을 마련할 목적으로 조달한 장기차입금 및 지방채증권 등을 뺀 금액으로 한다. 특정순자산은 채무상환 목적이나 적립성기금의 원금과 같이 그 사용목적이 특정되어 있는 재원과 관련된 순자산이다.

④ **비교환거래**에 의한 비용은 가치의 이전에 대한 의무가 존재하고 그 금액을 합리적으로 측정할 수 있을 때에 인식한다. 교환거래의 비용은 재화나 용역의 제공이 끝나고 그 금액을 합리적으로 측정할 수 있을 때 인식한다.

제 2 회 정답 및 해설

구분	재무	원가	정부	계
계산	7	3	1	11
서술	7	1	1	9
계	14	4	2	20

01	02	03	04	05	06	07	08	09	10	11	12	13	14	15	16	17	18	19	20
③	①	③	②	④	④	④	②	③	③	④	③	④	①	①	③	②	②	④	③

01

정답 ③

③ 보고기업의 경제적자원 및 청구권은 채무상품이나 지분상품의 발행과 같이 재무성과 외의 사유로도 **변동될 수 있다**.

02

정답 ①

① 당기손익과 기타포괄손익은 단일의 포괄손익계산서에 두 부분으로 나누어 표시할 수도 있고, 당기손익 부분을 별개의 손익계산서로 **표시할 수 있다**.

03

정답 ③

재고자산

기초	₩50,000	매출원가	₩651,000
당기매입	(3) ₩700,000	비정상감모손실	(1) ₩4,000
		기말재고(순실현가능액)	(2) ₩95,000
판매가능재고	₩750,000	판매가능재고	₩750,000

(1) 감모수량 = 장부상 재고수량 110단위 − 실제 재고수량 100단위 = 10단위
비정상감모수량 = 10단위 × 40% = 4단위
비정상감모손실 = 비정상감모수량 × 장부상 단위당 원가 = 4단위 × ₩1,000 = ₩4,000

(2) 순실현가능액 = 실제 재고자산 수량 × 순실현가능가치 = 100단위 × ₩950 = ₩95,000

(3) 당기매입액 = 판매가능재고(= 매출원가 + 비정상감모손실 + 기말재고) − 기초재고= ₩750,000 − ₩50,000 = ₩700,000

04

정답 ②

구분	회계처리	건설중인자산(건물의 원가)
토지의 구입가격	토지	
토지의 구입에 소요된 부대비용	토지	
토지 위의 창고 철거비용	토지	
새로운 사옥의 설계비	건물	₩2,000
기초공사를 위한 땅 굴착비용	건물	₩500
건설자재 구입비용	건물	₩4,000
건설자재 구입과 직접 관련된 차입금에서 발생한 이자	건물	₩150
건설 근로자 인건비	건물	₩1,700
계		₩8,350

05

정답 ④

④ **계속기록법**을 적용할 경우, 매입계정을 재고자산 취득 시 차변에 기록하고 재고자산 판매 시 대변에 기록한다.

06

정답 ④

(1) 매출액이 ₩200,000(= 200단위 × @₩1,000)일 경우 변동원가손익계산서

매출액	₩200,000
(−) 변동원가	
공헌이익	1) ₩80,000
(−) 고정원가	3) ₩64,000
영업이익	2) ₩16,000

1) 공헌이익 = 매출액 × 공헌이익률 = ₩200,000 × 40% = ₩80,000

2) 영업레버리지도 = 공헌이익/영업이익 = 5 = ₩80,000/영업이익

∴ 영업이익 = ₩16,000

3) 고정원가 = 공헌이익 − 영업이익 = ₩80,000 − ₩16,000 = ₩64,000

(2) 손익분기점의 판매량을 A라고 하면,

매출액	A × ₩1,000
(−) 변동원가	
공헌이익	A × ₩1,000 × 40%
(−) 고정원가	₩64,000
영업이익	₩0

∴ A = 160단위

07

정답 ④

④ 사회기반시설에 대한 사용수익권은 **자산의 차감계정**으로 표시한다.

08

정답 ②

[재정운영표]

사업총원가	₩200,000
(−) 사업수익	(₩70,000)
사업순원가	₩130,000
(+) 관리운영비	+ ₩50,000
(−) 비배분수익	(₩20,000)
(+) 비배분비용	+ ₩30,000
재정운영순원가	₩190,000
(−) 일반수익	(₩40,000)
재정운영결과	₩150,000

09

정답 ③

(1) 해당 사채는 액면가액보다 낮게 발행되었으므로 할인발행되었다. 그러므로 사채 발행시 액면이자율은 시장이자율보다 낮고, 매년 인식해야 할 이자비용은 증가한다.

(2) 만기까지 인식할 이자비용총액 = 갚은 돈 - 빌린 돈 = (₩1,000,000 + ₩1,000,000 × 8% × 3년) − ₩950,263 = ₩289,737

(3) 이자비용으로 지출하는 현금은 매년 액면이자에 해당하는 ₩80,000(= ₩1,000,000 × 8%)이다.

10

정답 ③

(1) 보험료 회계처리

3/1	(차)	보험료	₩120,000	(대)	현금	₩120,000
기말	(차)	선급보험료	₩20,000*	(대)	보험료	₩20,000

*₩120,000 × 2/12 = ₩20,000

∴ 자산 ₩100,000 감소

(2) 임대료 회계처리

(차)	현금	₩240,000	(대)	임대료 수익	₩240,000
(차)	임대료 수익	₩140,000*	(대)	선수임대료	₩140,000

*₩240,000 × 7/12 = ₩140,000

∴ 자산 ₩240,000 증가, 부채 ₩140,000 증가

(3) 자산 = 20X1년 초 자산 ₩800,000 − ₩100,000 + ₩240,000 = ₩940,000

(4) 부채 = 20X1년 초 부채 ₩500,000 + ₩140,000 = ₩640,000

11

정답 ④

④ 연구(또는 내부 프로젝트의 연구단계)에 대한 지출은 발생시점에 **비용(연구비)**으로 인식한다.

12

정답 ③

(1) 처분 시(20X3년 3월 1일) 장부금액 = ₩80,000 − (₩80,000 − ₩5,000) × (5/15 + 4/15 × 6/12) = ₩45,000

(2) 처분손익 = 처분대가 − 장부금액 = ₩40,000 − ₩45,000 = (₩5,000)

∴ 처분손실 = ₩5,000

13

정답 ④

(1) S1 → S2: ₩100,000 × 30% = ₩30,000
(2) S1 → P1: ₩100,000 × 40% = ₩40,000
(3) S2 → P1: (₩200,000 + ₩30,000) × 30%/60% = ₩115,000
∴ 배부 후 제조부문 P1의 원가합계 = ₩300,000 + ₩40,000 + ₩115,000 = ₩455,000

14

정답 ①

① 자본조정은 자본 거래의 결과 발생한다. 대부분 자본의 차감 성격을 가지는 것으로 자본금이나 자본잉여금으로 처리할 수 없는 계정을 기록하는 것은 맞다. 그러나 **모든 자본조정 항목이 자본의 차감적 성격을 가지는 것은 아니다.** 그 대표적인 예시가 바로 '미교부주식배당'이다. 미교부주식배당은 자본거래의 결과이지만, 자본의 차감항목이 아닌 가산항목으로 자본조정에 기록된다.

15

정답 ①

(1) 매출원가율 = 100/(100 + 50) = 100/150
(2) 매출원가 = 매출액 × 매출원가율 = ₩7,500 × 100/150 = ₩5,000
(3) 매입으로 인한 현금 유출액

IS	매출원가	₩5,000		
BS			재고자산의 감소	₩1,000
			매입채무의 증가	₩2,500
CF			매입으로 인한 현금유출액	≪₩1,500≫

16

정답 ③

(1) 평균총자산 = (기초총자산 + 기말총자산)/2 = ₩300,000
(2) 총자산회전율 = 매출액/평균총자산 = 매출액/₩300,000 = 5회
∴ 매출액 = ₩1,500,000
(3) 당기순이익 = 매출액 × 매출액순이익률 = ₩1,500,000 × 20% = ₩300,000

17

정답 ②

② 거래가격은 고객에게 약속한 재화나 용역을 이전하고 그 대가로 기업이 받을 권리를 갖게 될 것으로 예상하는 금액이며, 제삼자를 대신해서 회수한 금액(ex 부가가치세)은 **제외**한다.

18

정답 ②

② 회계정책의 변경과 회계추정의 변경을 구분하는 것이 어려운 경우에는 이를 **회계 추정의 변경**으로 본다.

19

정답 ④

④ 초변동원가계산에서는 **직접재료원가만**을 제품원가에 포함시키고 나머지 원가는 모두 기간비용으로 처리한다.

20

정답 ③

재공품 + 제품

기초 재공품	₩3,500	매출원가	≪₩35,000≫
기초 제품	₩4,000	기말 재공품	₩2,500
당기총제조원가*	₩36,000	기말 제품	₩6,000
계	₩43,500	계	₩43,500

*당기총제조원가 = 기초원가 + 제조간접원가 = ₩36,000

제 3 회 정답 및 해설

구분	재무	원가	정부	계
계산	6	4	-	10
서술	8	-	2	10
계	14	4	2	20

01	02	03	04	05	06	07	08	09	10	11	12	13	14	15	16	17	18	19	20
③	③	②	③	③	①	②	④	④	②	④	③	①	②	②	③	②	②	④	①

01

정답 ③

③ 공정가치는 부채를 발생시키거나 인수할 때 발생한 거래원가로 인해 **감소하지 않고**, 부채의 이전 또는 결제에서 발생할 거래원가를 **반영하지 않는다**.
예를 들어, 삼성전자의 공정가치인 주가는 취득하는 자의 거래원가의 발생으로 달라지지 않는다.

02

정답 ③

③ 비용의 **기능별 분류는 성격별 분류보다** 재무제표이용자에게 더욱 목적적합한 정보를 제공할 수 있지만 비용을 기능별로 분류하는데 자의적인 배분과 상당한 정도의 판단이 개입될 수 있다.

03

정답 ②

IS	보험료 비용	≪₩920,000≫		
BS	선급보험료의 증가	₩110,000		
CF			보험료의 현금지급	₩1,030,000

별해

선급보험료

기초	₩200,000	보험료 비용	≪₩920,000≫
보험료 지급	₩1,030,000	기말	₩310,000
	₩1,230,000		₩1,230,000

04

정답 ③

(1) 20X1년 차량운반구 감가상각비 = (₩1,000,000 − ₩100,000) × (5/15 × 6/12) = ₩150,000
(2) 20X2년 1월 1일 차량운반구 장부금액 = ₩1,000,000 − ₩150,000 = ₩850,000
(3) 20X2년도 당기순이익에 미치는 영향 = 처분대가 ₩700,000 − 기초 장부금액 ₩850,000 = ₩150,000 감소

별해

(1) 20X1년 차량운반구 감가상각비 = (₩1,000,000 − ₩100,000) × (5/15 × 6/12) = ₩150,000
(2) 20X2년 1월 1일부터 20X2년 10월 1일까지의 차량운반구의 감가상각비
= (₩1,000,000 − ₩100,000) × (5/15 × 6/12 + 4/15 × 3/12) = ₩210,000
∴ 20X2년 10월 1일 차량운반구의 장부가액 = ₩1,000,000 − ₩360,000 = ₩640,000
(3) 차량운반구 처분이익 = ₩700,000 − ₩640,000 = ₩60,000
(4) 20X2년도 당기순이익에 미치는 영향 = 감가상각비 △₩210,000 + 처분이익 ₩60,000 = ₩150,000 감소

05

정답 ③

③ 재고자산의 순실현가능가치가 상승한 증거가 명백한 경우 최초의 장부금액을 초과하지 않는 범위 내에서 평가손실을 환입한다. 그 결과 새로운 장부금액은 취득원가와 수정된 순실현가능가치 중 **작은** 금액이 된다.

06

정답 ①

시산표 작성을 통해 발견될 수 있는 오류(자동으로 발견되는 오류)는 차변과 대변의 차액이 맞지 않는 경우이다. 이 경우 분개의 내용이 맞는지는 따질 필요가 없다.
∴ 차변에 ₩800,000이 기입되고, 대변에 ₩80,000이 기입된 ㄱ만 자동으로 발견된다.
ㄴ, ㄷ, ㄹ 모두 잘못된 분개이다. 그러나 차변과 대변에 들어간 잔액은 일치하므로 시산표상에서 자동으로 발견되지 않는다.

07

정답 ②

기초	₩5,000,000 - ₩2,000,000 = ₩3,000,000
현금배당	(₩100,000)
유상증자	₩80,000
자기주식 취득	(₩21,000)
자기주식 처분	₩15,000
총포괄이익	₩30,000
기말	≪₩3,004,000≫

*이익준비금의 적립은 자본의 구성 내역만 변동하고 총액은 변동하지 않는다. 또한 자기주식을 처분하는 경우 자본총계는 처분금액만큼 증가한다.

08

정답 ④

④ 감가상각은 상각대상자산이 **운휴 중이라고 하더라도 중단하지 않는다**. 매각예정으로 분류되는 날과 제거되는 날 중 이른 날부터 감가상각을 중단할 수 있다.

09

정답 ④

④ 사채의 할인발행과 할증발행의 경우 사채할인발행차금 상각액은 모두 점차 **증가한다**.

10

정답 ②

② 과거사건에 의하여 발생하였으나, 기업이 전적으로 통제할 수 없는 하나 이상의 불확실한 미래사건의 발생 여부에 의하여서만 그 존재가 확인되는 잠재적 의무는 **우발부채**로 처리한다.

우발부채는 충당부채의 인식기준 중 하나 이상의 조건을 충족하지 못하는 잠재적 의무로, 다음에 해당하는 의무를 말한다.

> ㉠ 과거사건으로 생겼으나, 기업이 전적으로 통제할 수는 없는 하나 이상의 불확실한 미래 사건의 발생 여부로만 그 존재 유무를 확인할 수 있는 잠재적 의무
> ㉡ 과거사건에 의하여 발생하였으나 다음 ⓐ 또는 ⓑ의 경우에 해당하여 인식하지 않는 현재의무
> ⓐ 해당 의무를 이행하기 위하여 경제적 효익이 있는 자원을 유출할 가능성이 높지 않은 경우
> ⓑ 해당 의무의 이행에 필요한 금액을 신뢰성 있게 측정할 수 없는 경우

11

정답 ④

(1) 회수불능으로 판단하여 장부에서 제거한 매출채권(₩20,000)이 대손 잔액이다.

(2) 기대신용손실 추정액(₩40,000)이 기말 손실충당금 잔액이다.

손실충당금

대손(손상)	₩20,000	기초	₩10,000
기말	₩40,000	손상차손	≪₩50,000≫
	₩60,000		₩60,000

12

정답 ③

③ 수익인식 5단계 순서는 '**고객과의 계약 식별 → 수행의무 식별** → 거래가격 산정 → 거래가격을 계약 내 수행의무에 배분 → 수행의무를 이행할 때 수익 인식'이다.

13

정답 ①

① 현금흐름표는 **일정기간**의 현금유입액과 현금유출액에 대한 정보를 제공하는 재무제표이다.

14

정답 ②

매출액	50개 × ₩100,000	₩5,000,000
매출원가	(₩60,000 × 100개 + ₩40,000) × 50개/100개	(₩3,020,000)
매출총이익		₩1,980,000
판매비와관리비(판매수수료)	50개 × ₩10,000	(₩500,000)
영업이익		≪₩1,480,000≫

15

정답 ②

재공품

기초재공품	₩150,000	당기제품제조원가	₩500,000
당기총제조원가	≪₩650,000≫	기말재공품	₩300,000
계	₩800,000	계	₩800,000

당기총제조원가 = 기초원가 + 제조간접원가 = ₩350,000 + 제조간접원가 = ₩650,000
∴ 제조간접원가 = ₩300,000

16

정답 ③

(1) 제품준비 횟수 당 원가 = ₩200,000/100회 = ₩2,000/회
(2) 기계작업 시간 당 원가 = ₩600,000/200시간 = ₩3,000/시간
(3) 검사수행 횟수 당 원가 = ₩400,000/200회 = ₩2,000/회
∴ 제품 A의 총원가 = 기초원가 ₩20,000 + 제품준비 ₩2,000 × 20회 + 기계이용 ₩3,000 × 20시간 + 검사수행 ₩2,000 × 10회
= ₩140,000

17

정답 ②

구분	당해 검사통과 여부	정상공손수량 대상
기초재공품	× (60% 완성도이므로 전년도 검사에 통과함)	-
당기착수완성량	○ (100% 완성도이므로 당해 검사 통과)	13,000개
기말재공품	○ (70% 완성도이므로 당해 검사 통과)	3,000개
		16,000개

∴ 정상공손수량 16,000개 × 10% = 1,600개

18

정답 ②

AQ × AP	AQ × SP	SQ × SP
₩3,000 = 100kg × ₩30	₩4,000 = 100kg × ₩40	₩4,800 = 10kg × ≪12개≫ × ₩40

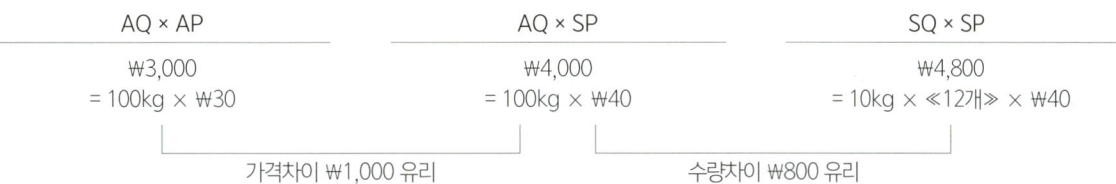

가격차이 ₩1,000 유리 수량차이 ₩800 유리

∴ 실제 제품 생산량 = 12개

19

정답 ④

④ 국가회계실체 사이에 발생하는 관리전환은 무상거래일 경우에는 자산의 **장부가액**을 취득원가로 하고, 유상거래일 경우에는 자산의 **공정가액**을 취득원가로 한다.

20

정답 ①

① 재정상태표에 기록하는 자산의 가액은 당해 자산의 취득원가를 기초로 하여 계상함을 원칙으로 하되, 교환, 기부채납, 그 밖에 무상으로 취득한 자산의 가액은 공정가액을 취득원가로 한다. 단, 회계 간의 재산 이관이나 물품 소관의 전환으로 취득한 자산의 가액은 **직전회계실체의 장부가액**을 취득원가로 한다.

제 4 회 정답 및 해설

구분	재무	원가	정부	계
계산	7	3	1	11
서술	7	1	1	9
계	14	4	2	20

01	02	03	04	05	06	07	08	09	10	11	12	13	14	15	16	17	18	19	20
③	④	③	④	③	③	④	③	③	③	①	②	②	②	①	②	④	④	①	③

01

정답 ③

프로그램총원가	연구개발비 ₩30,000 + 감가상각비 ₩1,000 + 인건비 ₩500	₩31,500
(−) 프로그램수익		(−) ₩20,000
프로그램순원가		₩11,500
(+) 관리운영비	행정운영성경비 ₩40,000	(+) ₩40,000
(+) 비배분비용	감가상각비 ₩300 + 자산처분손실 ₩200	(+) ₩500
(−) 비배분수익	재화및용역제공수익 ₩1,000	(−) ₩1,000
재정운영순원가		₩51,000
(−) 비교환수익 등	제재금수익 ₩1,000	(−) ₩1,000
재정운영결과		₩50,000

02

정답 ④

④ 「국가회계기준에 관한 규칙」에 따르면 현재 세대와 미래 세대를 위하여 정부가 영구히 보존하여야 할 자산으로서 역사적, 자연적, 문화적, 교육적 및 예술적으로 중요한 가치를 갖는 자산은 **유산자산**으로 **장부에 인식하지 않는다**. 유산자산의 가액을 신뢰성 있게 측정할 수 없기 때문이다. 대신, 그 종류와 현황 등을 주석으로 공시한다.

03

정답 ③

수정후시산표상의 잔액을 차변과 대변으로 나누어 각각 기록하여 잔액을 맞추면 기초 이익잉여금을 구할 수 있다.

수정후시산표

자산	현금	₩130,000	부채	미지급비용	₩80,000
	재고자산	₩200,000		매입채무	₩170,000
	미수수익	₩50,000		미지급금	₩50,000
	선급비용	₩70,000	자본	자본금	₩40,000
비용	매출원가	₩100,000		기초이익잉여금	≪₩140,000≫
	급여	₩50,000	수익	매출액	₩120,000
		₩600,000			₩600,000

04

정답 ④

④ 오류가 없는 서술이란 현상의 기술에 오류나 누락이 없고, 재무보고 정보를 생산하는 데 사용되는 절차의 선택과 적용시 절차상 오류가 없음을 의미하는 것으로, 서술의 모든 면이 완벽하게 정확하다는 것을 의미하는 것은 아니다.

05

정답 ③

③ 재고자산은 기업이 정상적인 영업활동과정에서 판매하기 위하여 보유하고 있는 자산이나 제품의 생산 또는 서비스 과정 중에 있거나 생산을 위해 보유 중인 자산을 의미하므로 외부에서 매입하여 재판매하기 위해 보유하는 상품은 재고자산에 해당한다.

06

정답 ③

손실충당금

회수불능으로 확정	₩60,000	기초	₩30,000
기대신용손실	₩20,000	손상차손	≪₩50,000≫
	₩80,000		₩80,000

07

정답 ④

[당기손익 – 공정가치 측정 금융자산으로 분류]

(1) 20X1년 당기손익 = 매입수수료비용 (₩50) + 공정가치 평가손익 ₩100(= ₩1,100 – ₩1,000) = ₩50

(2) 20X2년 당기손익 = 처분손익 = 처분대가 – 20X1년 말 장부금액 = ₩1,080 – ₩1,100 = (₩20)

[기타포괄손익 – 공정가치 측정 금융자산으로 분류]

(1) 20X1년 평가손익 = 20X1년 말 공정가치 – 20X1년 초 취득원가 = ₩1,100 – (₩1,000 + ₩50) = ₩50

(2) 20X2년 기타포괄손익누계액의 변화 = 처분 시 공정가치 평가손익 = 처분대가 – 기말공정가치 = ₩1,080 – ₩1,100 = (₩20)

08

정답 ③

③ 현재의무를 이행하기 위하여 필요한 지출 금액에 영향을 미치는 미래 사건이 일어날 것이라는 충분하고 객관적인 증거가 있는 경우라면 그 미래사건을 고려하여 충당부채의 금액을 추정한다.

09

정답 ③

③ 자산의 장부금액이 재평가로 인하여 감소된 경우에 그 감소액은 당기손익으로 인식한다. 그러나 그 자산에 대한 재평가잉여금 잔액이 있다면 그 금액을 한도로 재평가 잉여금의 감소액으로 인식하고, 이를 초과하는 감소액은 당기손익으로 인식한다.

10

정답 ③

구분	원가모형	공정가치모형
감가상각비	₩10,000(= ₩50,000/5년)	–
평가손익	–	₩10,000(= ₩60,000 – ₩50,000)
당기순이익에 미치는 영향	(₩10,000)	+ ₩10,000

11

정답 ①

① 기업회계기준서 제1038호 '무형자산' 문단 91

> '비한정'이라는 용어는 '무한'을 의미하지 않는다. 무형자산의 내용연수는 자산의 내용연수를 추정하는 시점에 평가된 표준적인 성능수준을 유지하기 위한 미래 유지비용과 그 수준의 비용을 부담할 수 있는 기업의 능력과 의도만을 반영한다. **자산의 내용연수를 추정하는 시점에 평가된 표준적인 성능수준을 유지하기 위하여 필요한 지출을 초과하는 계획된 미래지출에 근거하여 무형자산의 내용연수가 비한정이라는 결론을 내려서는 안 된다.**

② 무형자산을 창출하기 위한 내부 프로젝트를 연구단계와 개발단계로 구분할 수 없는 경우에는 발생 지출을 모두 **연구단계**에서 발생한 것으로 본다.

③ 무형자산의 내용연수는 **사용 기간에 대한 예측가능한 제한이 없다면** 비한정적인 것으로 판단된다.

④ 무형자산은 **당해 자산이 매각예정으로 분류되는 날과 재무상태표에서 제거되는 날 중 이른 날**에 상각을 중지한다.

12

정답 ②

② 매몰원가는 과거의 의사결정의 결과로 현재 의사결정 시점 이전에 이미 발생된 원가를 말한다. 이는 현재의 의사결정으로 변경할 수 없으므로 **의사결정과 관련 없는 비관련원가**이다.

13

정답 ②

(1) 변동원가 배분

구분	조립부문	도장부문	계
실제사용량	300kW	700kW	1,000kW
비율	30%	70%	100%
변동원가 배분	₩30,000	₩70,000	₩100,000

(2) 고정원가 배분

구분	조립부문	도장부문	계
최대사용가능량	500kW	1,000kW	1,500kW
비율	1/3	2/3	
고정원가 배분	₩75,000	₩150,000	₩225,000

∴ 조립부문 배부된 전력부문의 원가 = ₩30,000 + ₩75,000 = ₩105,000

14

정답 ②

기업회계기준서 제1115호 '고객과의 계약에서 생기는 수익'에서는 다음 계약의 식별기준을 모두 충족하는 경우에만 고객과의 계약으로 회계처리한다.

- **의무의 확약**: 계약 당사자들이 계약을 서면으로, 구두로 또는 기업의 사업관행에 따라 암묵적으로 승인하고 각자의 의무를 수행하기로 확약한다.
- 권리의 식별: 이전할 재화나 용역과 관련된 각 당사자의 권리를 식별할 수 있다.
- **지급조건의 식별**: 이전할 재화나 용역의 지급조건을 식별할 수 있다.
- 거래의 실질: 계약에 상업적 실질이 있다.
- **대가의 회수가능성**: 고객에게 이전할 재화나 용역에 대하여 받을 권리를 갖게 될 대가의 회수가능성이 높다.

15

정답 ①

평균법은 전기에 이미 착수한 기초재공품의 기완성도를 무시하고 기초재공품 생산을 당기에 착수한 것으로 가정한다. 따라서 전기에 투입된 기초재공품원가와 당기투입된 당기총제조원가를 동일하게 취급하여 이를 합한 총원가를 완성품과 기말재공품에 배부하는 방법이다.

(1) 당기 투입원가

- 재료원가 = ₩5,000 + ₩20,000 = ₩25,000
- 가공원가 = ₩4,000 + ₩40,000 = ₩44,000

(2) 완성품환산량

재공품				완성품환산량 재료원가	완성품환산량 가공원가
기초	300	당기 완성	2,000	2,000	2,000
당기 착수	2,200	기말	500(40%)	500	200
	2,500		2,500	2,500	2,200

(3) 단위당 재료원가 = ₩25,000/2,500단위 = ₩10/단위

단위당 가공원가 =₩44,000/2,200단위 = ₩20/단위

(4) 완성품 원가 = 2,000단위 × (₩10 + ₩20) = ₩60,000

16

정답 ②

[변동원가 손익계산서]

매출액(= 단위당판매가격 × 판매수량)	₩2,000 × 4,000단위 = ₩8,000,000
변동원가 = 변동제조원가 + 변동판매비와관리비 = (단위당 직접재료원가 + 단위당 직접노무원가 + 단위당 변동제조 간접원가 + 단위당 변동판매비와관리비) × 판매수량	(₩500 + ₩400 + ₩300 + ₩200) × 4,000단위 = ₩5,600,000
공헌이익	₩2,400,000
고정원가 = 총고정제조간접원가 + 총고정판매비와관리비	₩350,000 + ₩150,000 = ₩500,000
영업이익	₩1,900,000

17

정답 ④

(1) 기말재고

실사재고	₩110,000
도착지인도조건으로 매입	-
시용판매(구매의사표시 없는 판매분)	₩20,000
(주)민국이 담보로 제공한 상품	(₩50,000)
정확한 기말재고	₩80,000

(2) 매출원가 = 판매가능재고 - 기말재고 = 기초재고자산 + 당기매입액 – 기말재고

= ₩100,000 + ₩200,000 – ₩80,000 = ₩220,000

18

정답 ④

④ 전기오류의 수정은 오류가 발견된 기간의 당기손익으로 보고하는 것이 아니라, **전기이월이익잉여금 및 당기손익을 수정해주어야 한다.** 과거 재무자료의 요약을 포함한 과거기간의 정보는 실무적으로 적용할 수 있는 최대한 앞선 기간까지 소급재작성하는 것은 맞는 지문이다.

19

정답 ①

(1) 20X1년 말 기계장치의 장부금액 = ₩100,000 − (₩100,000 − ₩20,000) × 4/10 × 3/12 = ₩92,000
(2) 20X2년 1월 초 기계장치의 장부금액 = ₩92,000 + 자본적지출 ₩30,000 = ₩122,000
(3) 20X2년 말 감가상각비 = (₩122,000 − ₩50,000)/10년 = ₩7,200

20

정답 ③

IS			손익계산서상 당기순이익	₩20,000
			감가상각비	₩3,000
BS	매출채권 증가액	₩5,000	미지급비용 증가	₩2,000
	선급비용 증가액	₩4,000		
CF	영업활동으로 인한 현금흐름	≪₩16,000≫		

제 5 회 정답 및 해설

구분	재무	원가	정부	계
계산	7	4	-	11
서술	7	-	2	9
계	14	4	2	20

01	02	03	04	05	06	07	08	09	10	11	12	13	14	15	16	17	18	19	20
④	④	④	②	③	②	①	③	②	③	④	④	①	②	③	①	③	②	①	④

01

정답 ④

④ 재무보고를 위한 개념체계 문단 8.2

> 기업은 재무제표이용자들의 정보요구에 기초하여 적절한 자본개념을 선택하여야 한다. 따라서 재무제표 이용자들이 주로 명목상의 투하자본이나 투하자본의 구매력 유지에 관심이 있다면 재무적 개념의 자본을 채택하여야 한다. 그러나 이용자들의 주된 관심이 기업의 조업능력 유지에 있다면 실물적 개념의 자본을 사용하여야 한다. 비록 **자본개념을 실무적으로 적용하는 데는 측정의 어려움이 있을 수 있지만 선택된 자본개념에 따라 이익의 결정 목표가 무엇인지 알 수 있게 된다**.

02

정답 ④

① (차)	미수수익	XX	(대)	수익	XX	자산 증가, 수익 발생
② (차)	비용	XX	(대)	미지급비용	XX	**자산 감소, 비용 발생**
③ (차)	선수임대료	XX	(대)	수익	XX	부채 감소, 수익 발생
④ (차)	비용	XX	(대)	선급보험료	XX	자산 감소, 비용 발생

03

정답 ④

④ 기업이 기존의 대출계약조건에 따라 보고기간 후 적어도 12개월 이상 부채를 차환하거나 연장할 것을 기대하고 있고, 그런 재량권이 있다면 보고기간 후 12개월 이내에 만기가 도래한다면 **비유동부채**로 분류한다.

04

정답 ②

② 안전 또는 환경상의 이유로 취득하는 유형자산은 그 자체로는 직접적인 미래 경제적 효익을 얻을 수 없지만, 다른 자산에서 미래 경제적 효익을 얻기 위하여 필요할 수 있다. 이러한 유형자산은 당해 유형자산을 취득하지 않았을 경우보다 관련 자산으로부터 **미래 경제적 효익을 더 많이 얻을 수 있게 해주기 때문에 자산으로 인식될 수 있다**.

05

정답 ③

(1) 토지와 건물을 일괄취득하였을 경우, 일괄취득원가를 각 공정가치로 안분하여 취득원가를 각각 산정한다.
그러므로 토지의 취득원가는 ₩75,000(= ₩150,000 × ₩100,000/₩200,000)이다.

(2) 토지의 재평가

구분	평가손익	비고
20X1년 말	재평가이익 ₩5,000	공정가치 ₩80,000 - 취득원가 ₩75,000 = 재평가이익 ₩5,000
20X2년 말	재평가손실(당기손익) ₩5,000 발생 재평가잉여금(기타포괄손익) ₩5,000 감소	20X2년 말 공정가치 ₩70,000 - 20X1년 공정가치 ₩80,000 = 공정가치 감소분 ₩10,000 단, 전기에 인식한 재평가잉여금(기타포괄손익) ₩5,000을 상계하고 남은 ₩5,000은 재평가손실(당기비용)으로 인식한다.
20X3년 말	재평가이익(당기손익) ₩5,000 발생 재평가잉여금(기타포괄손익) ₩15,000 증가	20X3년 말 공정가치 ₩90,000 - 20X2년 공정가치 ₩70,000 = 공정가치 증가분 ₩20,000 단, ₩5,000은 재평가이익(당기손익)으로 인식하고, 나머지 ₩15,000은 재평가이익(기타포괄손익)으로 인식한다.
20X4년 말	재평가잉여금(기타포괄손익) ₩15,000 감소	장부금액 ₩90,000의 토지를 ₩90,000에 처분하였으므로 처분손익은 ₩0이다. 다만, 처분시점에 재평가잉여금을 이익잉여금으로 대체하므로 ₩15,000의 재평가잉여금은 이익잉여금으로 바로 대체하여 재평가잉여금의 잔액은 ₩0이 된다. 자산과 부채상의 변화가 없으므로 자본의 총계에도 변화는 없다.

06

정답 ②

② 부동산 보유자가 부동산 사용자에게 부수적인 용역을 제공하는 경우가 있다. 전체 계약에서 그러한 용역의 비중이 경미하다면 부동산 보유자는 당해 부동산을 **투자부동산**으로 분류한다.

07

정답 ①

① 내부적으로 창출한 브랜드, 제호, 출판표제, 고객 목록과 이와 실질이 유사한 항목은 무형자산으로 **인식할 수 없다**.

08

정답 ③

① 경제적 효익이 있는 자원을 유출할 가능성이 희박하지 않다면, 우발부채를 **주석**에 인식한다.
② 예상되는 자산 처분이 충당부채를 생기게 한 사건과 밀접하게 관련되어 있다고 하더라도, 예상되는 자산 처분이익은 충당부채를 측정하는데 **고려하지 않는다**.
④ 손실부담계약을 체결하고 있는 경우에는 관련된 현재의무를 **충당부채**로 인식하고 측정한다.

09

정답 ②

② 20X1년 초 인식한 금융자산이 ₩20,000,000이고, 20X1년 말 이 금융자산의 공정가치가 ₩25,000,000으로 상승하였으므로 기타포괄이익 ₩5,000,000이 반영된다.

20X1. 1. 1.	(차)	기타포괄손익 금융자산	₩20,000,000	(대)	현금	₩20,000,000
20X1. 12. 31.	(차)	기타포괄손익 금융자산	₩5,000,000	(대)	기타포괄이익	₩5,000,000

10

정답 ③

[오류수정표]

구분	20X0년 기말	20X1년 기말
재고자산의 증감	(₩50,000)	+ ₩50,000
		(₩20,000)
손익에 미치는 영향	(₩50,000)	+ ₩30,000
	↓	↓
	[누적효과] 기초이익잉여금 ₩50,000 감소	[당기효과] 당기순이익 ₩30,000 증가

11

정답 ④

(1) 사채발행비를 고려하지 않았을 때의 발행가액 = ₩1,000,000 × 0.84 + ₩1,000,000 × 4% × 2.67 = ₩946,800

(2) 사채발행비를 반영한 실제 발행액 = ₩946,800 − ₩1,500 = ₩945,300

(3) 전체기간의 이자비용 = 갚은 돈 - 빌린 돈 = (₩1,000,000 + ₩1,000,000 × 4% × 3년) − ₩945,300 = ₩174,700

12

정답 ④

④ 기준서 제1115호에는 다음과 같이 기술되어 있다.

비현금대가의 공정가치가 대가의 형태만이 아닌 이유로 변동된다면, 변동대가 추정치의 제약규정을 적용한다.

[기업회계기준서 제1115호 문단 68]

13

정답 ①

(1) 순매입액 = 당기상품총매입액 ₩20,000 + 매입운임 ₩2,000 − 매입에누리 ₩1,000 − 매입환출 ₩600 − 매입할인 ₩400
= ₩20,000

(2) 매출원가 = 기초상품재고액 + 순매입액 - 기말상품재고액 = ₩10,000 + ₩20,000 − ₩12,000 = ₩18,000

(3) 순매출액 = 당기상품총매출액 ₩27,000 − 매출에누리 ₩1,800 − 매출환입 ₩1,200 − 매출할인 ₩500 = ₩23,500

(4) 매출총이익 = 순매출액 − 매출원가 = ₩23,500 − ₩18,000 = ₩5,500

(5) 영업이익 = 매출총이익 − 판매비와관리비(판매운임 ₩2,500 + 판매사원 급여 ₩1,000) = ₩5,500 − ₩3,500 = ₩2,000

14

정답 ②

(1) 토지와 건물을 각각 사용하기로 하였으므로 공정가치로 안분
토지 = ₩1,000,000 × 750/1,250 = ₩600,000
건물 = ₩1,000,000 × 500/1,250 = ₩400,000
(2) 20X2년 말 건물의 장부금액 = ₩400,000 − (₩400,000 − ₩100,000) × 2/5 = ₩280,000
(3) 20X3년 1월 1일 건물의 폐기손실 = 20X3년 1월 1일 건물의 장부금액 = ₩280,000

15

정답 ③

(1) 공헌이익 = 매출액 × 공헌이익률 = ₩10,000,000 × 40% = ₩4,000,000
(2) 영업이익 = 공헌이익 − 고정원가 = ₩4,000,000 − ₩2,000,000 = ₩2,000,000
(3) 안전한계율 = 영업이익/공헌이익 = ₩2,000,000/₩4,000,000 = 50%

16

정답 ①

오쌤 Tip

> 분리점에서 판매가치를 알기 위해서는 Q(분리점에서의 수량)과 P(분리점에서의 단위당 판매가액)을 알아야 한다.
> 그러므로 분리점에서 생산된 비율을 통해 Q를 먼저 산정하고 판매가치의 비율을 구해야 한다.

(1) 분리점에서의 생산
연산품 A : 연산품 B = 3 : 2 = 2,400kg : 1,600kg
(2) 분리점에서의 판매가치의 비율 = 연산품 A : 연산품 B = ₩40/kg × 2,400kg : ₩60/kg × 1,600kg
= ₩96,000 : ₩96,000 = 1 : 1
(3) 연산품 A와 B에 각각 배부되는 결합원가 = ₩500,000 × 50% = ₩250,000

17

정답 ③

오쌤 Tip

> 고저점법은 조업도의 고점과 저점을 통해 원가함수를 추정하는 방법이다. 원가의 고점과 저점이 아님을 주의해야 한다.
> 해당 문제는 고점과 저점을 통해 추정한 원가함수에 조업도를 대입하여 원가를 산정하는 문제이다.

(1) 고점과 저점(기계가동시간, 제조간접원가)
고점(6,500시간, ₩285,000), 저점(4,000시간, ₩225,000)
(2) 기계시간당 제조간접원가 = (₩285,000 − ₩225,000)/(6,500시간 − 4,000시간) = ₩24/시간
(3) y(총제조간접원가) = ₩24/시간 × 기계가동시간 + 고정제조간접원가
저점(4,000시간, ₩225,000)을 대입하면,
₩225,000 = ₩24 × 4,000시간 + 고정제조간접원가
∴ 고정제조간접원가 = ₩129,000
(4) 원가함수
y(총제조간접원가) = ₩24/시간 × 기계가동시간 + ₩129,000
5,500시간을 대입할 경우, ₩24 × 5,500시간 + ₩129,000 = ₩261,000

18

정답 ②

(1) 공손수량 = 기초재공품 + 당기착수량 - 당기완성량 − 기말재공품
= 100,000개 + 800,000개 - 600,000개 - 200,000개 = 100,000개

(2) 정상공손수량 = 당기검사를 통과한 합격품 × 10%
= (당기완성량 − 기초재공품 + 기말재공품) × 10%
= (600,000개 − 100,000개 + 200,000개) × 10%
= 700,000개 × 10% = 70,000개

(3) 비정상공손수량 = 100,000개 − 70,000개 = 30,000개

19

정답 ①

① 원천징수하는 국세는 원천징수 의무자가 **신고 · 납부하는 때** 수익으로 인식한다.

20

정답 ④

④ 「국가회계기준에 관한 규칙」 상 무형자산은 **정액법**에 따라 해당 자산을 사용할 수 있는 시점부터 합리적인 기간 동안 상각한다.

제 6 회 정답 및 해설

구분	재무	원가	정부	계
계산	6	3	1	10
서술	8	1	1	10
계	14	4	2	20

01	02	03	04	05	06	07	08	09	10	11	12	13	14	15	16	17	18	19	20
②	③	②	③	③	②	②	①	③	①	④	①	①	③	④	②	③	③	④	④

01

정답 ②

회계상의 거래는 '재산상의 변화'와 '금액의 신뢰성 있는 측정' 두 가지를 요구한다.

단순 계약, 고용, 납품 주문 등은 회계상의 거래로 보지 않는다.

②의 재고자산의 일부가 소실된 경우 재산의 변화가 발생하였고 주어진 정보 안에 측정된 금액이 들어있으므로 회계상의 거래로 인식해야 한다.

02

정답 ③

③ 공정가치는 측정일에 시장참여자 사이의 정상거래에서 **자산을 매도할 때 받거나 부채를 이전할 때 지급하게 될 가격**이다.

03

정답 ②

(1) (주)한국이 게임기기와 게임접근권을 묶음 판매한 가격 = (₩95,000 + ₩5,000) × 98% = ₩98,000

(2) 묶음 판매한 가격 중 게임접근권에 배분되는 금액 = ₩98,000 × {₩5,000 ÷ (₩5,000 + ₩95,000)} = ₩4,900

(3) X1년에 귀속되는 게임접근권에 배분되는 금액 = ₩4,900 × 3/12 = ₩1,225

∴ 100명의 고객에게 판매하였으므로, ₩1,225 × 100 = ₩122,500

04

정답 ③

간접법에 따라 영업활동현금흐름 계산 시, 법인세차감전순이익에서 차감하는 항목은 영업활동 관련 자산의 증가, 영업활동 관련 부채의 감소, 이자수익과 배당수익, 투자활동 관련수익, 재무활동 관련수익이다.

이에 해당하는 항목은 '**ㄴ. 재고자산 증가액**', '**ㄹ. 매입채무의 감소액**' 이다.

'ㄱ. 감가상각비'와 'ㄷ. 매출채권의 감소'는 법인세비용차감전순이익에 가산하는 항목이다.

05

정답 ③

③ 활동기준원가계산은 활동별로 원가를 정확히 계산할 수 있다는 장점이 있지만, 각 활동을 모두 분석하여 원가동인을 파악하고 이를 기준으로 배부해야 하므로 시간이 많이 소요된다는 단점이 있다. 그러므로 **재무제표 정보의 신속한 작성이 어렵다.**

06

정답 ②

선급비용의 감소(₩1,000) + 미지급비용의 증가(₩1,000) + 선수수익의 증가(₩1,000) + 미수수익의 증가 ₩1,000
∴ 당기순이익에 미치는 영향 = ₩2,000 감소

참고

분개접근법

미수수익의 증가	₩1,000	선급비용의 감소	₩1,000
손익	₩2,000	미지급비용의 증가	₩1,000
		선수수익의 증가	₩1,000
	₩3,000		₩3,000

차변의 손익은 (−) ₩2,000을 의미한다. 따라서 손익은 ₩2,000이 감소한다.

07

정답 ②

② 재분류조정은 포괄손익계산서나 주석에 표시할 수 있다. 재분류조정을 주석에 표시하는 경우에는 관련 재분류조정을 반영한 후에 **기타포괄손익**의 항목을 표시한다.

08

정답 ①

(1) 당기 상품 매출원가 = 당기 매출액 × (1 − 매출총이익률) = ₩200 × 80% = ₩160
(2) 당기 매입액

상품

기초	₩30	매출원가	₩160
당기 매입	≪₩150≫	기말	₩20
	₩180		₩180

(3) 당기 매입액 중 외상 매입액 = ₩150 × 60% = ₩90
(4) 당기 매입채무 현금지급액

매입채무

현금 지급액	≪₩80≫	기초	₩50
기말	₩60	외상 매입액	₩90
	₩140		₩140

09

정답 ③

(1)

직접재료 + 재공품 + 제품

기초	₩60,000	매출원가	≪₩40,000≫
직접재료 매입액	₩10,000		
가공(전환)원가	₩20,000	기말	₩50,000
	₩90,000		₩90,000

(2) 매출액 = 매출원가 ÷ (1 − 매출총이익률) = ₩40,000 ÷ 40% = ₩100,000

10

정답 ①

(1) 처분 시 장부금액 = (₩1,300,000 − ₩200,000) − (₩1,100,000 − ₩100,000)/4 × 2 = ₩600,000
(2) 처분이익 = 처분대가 − 장부금액 = ₩700,000 − ₩600,000 = ₩100,000

11

정답 ④

①, ②, ③의 기계장치의 생산량을 증가시키거나 내용연수를 연장시키거나 성능을 증가시키는 모든 후속적 지출은 가치를 증대시키는 지출(자본적 지출)로 유형자산의 장부금액으로 인식한다.
그러나 '④ 자동차의 성능을 유지시킬 것으로 기대되는 지출(수익적 지출)'은 **당기 비용**으로 인식한다.

12

정답 ①

① 내용연수가 비한정인 무형자산은 **매년 손상검사를 수행한다.** 그러므로 일 년에 최소한 한 번 이상은 손상검사를 통해 회수가능가액을 산정하고 장부금액과 비교하여 손상을 인식한다.

13

정답 ①

(1) 배부차이 반영한 제조간접원가 = ₩600,000 − ₩150,000 = ₩450,000
(2) ₩450,000 = 실제배부기준수 × 예정배부율 = 45,000시간 × 예정배부율
∴ 예정배부율 = ₩10
(3) 예정기계가동시간 = 제조간접원가 예산/예정배부율 = ₩500,000/₩10 = 50,000시간

14

정답 ③

③ 프로그램순원가는 프로그램을 수행하기 위하여 투입한 원가 합계에서 다른 프로그램으로부터 배부받은 원가는 **더하고**, 다른 프로그램에 배부한 원가는 **빼며**, 프로그램 수행과정에서 발생한 수익은 빼서 표시한다.

15

정답 ④

④ 사채할인발행차금 상각액은 매년 **증가**한다.

16

정답 ②

② 고객이 자산을 통제한다는 것은 고객이 자산을 사용하도록 지시하고, 자산의 나머지 효익의 대부분을 획득할 수 있다는 것을 의미한다. 이를 판단할 때는 자산을 재매입하는 약정을 **고려해야 한다.**

참고 기준서 제1115호 문단 34

고객이 자산을 통제하는지를 판단할 때, 그 자산을 재매입하는 약정을 **고려한다.**

17

정답 ③

③ 회계추정의 변경효과가 변경이 발생한 기간과 미래기간에 모두 영향을 미치는 경우 발생한 기간에는 회계추정 변경 효과를 당기손익에 포함하여 전진적으로 인식한다. 그러나 미래기간에 회계추정의 변경효과를 기타포괄손익으로 인식하는 것은 아니다. **미래기간의 당기손익에 포함하여 전진적으로 인식한다.**

18

정답 ③

당기 생산량을 a라고 하면,

(1) 단위당 고정제조간접원가 = ₩30,000/a

(2) 기말재고자산 수량 = a – 500개

(3) 이익차이

변동원가계산하의 이익	–
(+)기말 재고자산에 포함된 고정제조간접원가 (–)기초 재고자산에 포함된 고정제조간접원가	(+) ₩30,000/a × (a – 500개)
전부원가계산하의 이익	₩10,000

∴ 당기 생산량 = a = 750개

19

정답 ④

(1) 기초 자본총계 = 기초 자산총계 – 기초 부채총계 = ₩800 – ₩400 = ₩400

(2) 기말 자본총계

기초 자본총계	₩400
당기순이익	+ ₩100
기중 유상증자액	+ ₩200
기중 발생한 재평가잉여금	+ ₩50
기말 자본총계	₩750

(3) 기말 자산총계 = 기말 부채총계 + 기말 자본총계 = ₩300 + ₩750 = ₩1,050

20

정답 ④

사업순원가	사업총원가 ₩500,000 – 사용료수익 ₩200,000 = ₩300,000
(+) 관리운영비	₩100,000
(+) 비배분비용	이자비용 ₩10,000
(–) 비배분수익	자산처분이익(₩50,000)
재정운영순원가	₩360,000
(–) 수익	지방세수익(₩200,000)
재정운영결과	₩160,000

제 7 회 정답 및 해설

구분	재무	원가	정부	계
계산	6	3	-	9
서술	8	1	2	11
계	14	4	2	20

01	02	03	04	05	06	07	08	09	10	11	12	13	14	15	16	17	18	19	20
①	③	④	③	④	③	②	①	③	③	④	③	④	①	③	④	②	①	①	③

01

정답 ①

① 수익과 비용은 기업의 재무성과와 관련된 재무제표 요소이다. 보고기업의 재무상태와 관련된 재무제표 요소는 자산, 부채 및 자본이다.

02

정답 ③

(1) 재고자산평균처리기간 = 360일/재고자산회전율 = 60일

∴ 재고자산회전율 = 6회

(2) 재고자산회전율 = 매출원가/평균재고자산 = ₩3,000,000/평균재고자산 = 6회

∴ 평균재고자산 = ₩500,000 = (기초재고자산 + 기말재고자산)/2 = (₩0 + 기말재고자산)/2

∴ 기말재고자산 = ₩1,000,000

03

정답 ④

(1) 20X3년 재평가손실(당기비용) = ₩1,200,000 − ₩1,500,000 = (₩300,000)

(2) 20X4년 재평가이익(당기수익) = ₩1,500,000 − ₩1,200,000 = ₩300,000

20X4년 재평가잉여금(기타포괄손익) = ₩1,600,000 − ₩1,500,000 = ₩100,000

(3) 20X5년 유형자산처분손실 = 처분대가 - 장부금액 = ₩1,100,000 − ₩1,600,000 = (₩500,000)

∴ 유형자산처분손실 ₩500,000 인식

(4) 20X3년 초부터 20X5년 말까지 이익잉여금에 미치는 효과 = ₩1,100,000 − ₩1,500,000 = (₩400,000)

이익잉여금으로 대체하기로 했으므로 유형자산 관련 모든 손익은 실현손익으로 인식되어 이익잉여금에 누적된다. 그러므로 ₩1,500,000에 취득하여 ₩1,100,000에 처분한 것으로 거래를 이해하면 쉽게 산출할 수 있다.

04

정답 ③

③ 회계기준위원회는 공통된 정보의 수요에 초점을 맞추기 때문에 주요 이용자의 특정 일부집단에게 가장 유용한 추가 정보를 포함하지 못하게 하는 것은 아니다.

05

정답 ④

④ 기타포괄손익의 항목(재분류조정 포함)과 관련된 법인세비용 금액은 포괄손익계산서나 주석에 공시한다.

06

정답 ③

③ 포괄손익계산서는 당해 중간기간과 당해 회계연도 누적기간을 직전 회계연도의 동일기간과 비교하는 형식으로 작성한다.

07

정답 ②

(1) 20X1년 말 기계장치의 감가상각후 장부금액 = ₩36,000 − ₩36,000/3년 × 6/12 = ₩30,000
(2) 20X1년 말 회수가능가액 = Max[₩25,000, ₩24,000] = ₩25,000
(3) 20X2년 말 감가상각후 장부금액 = ₩25,000 − ₩25,000/2.5년 × 1년 = ₩15,000
(4) 20X2년 말 손상을 인식하지 않았더라면 인식할 장부금액 = ₩30,000 − ₩36,000/3년 = ₩18,000
(5) 20X2년 회수가능가액 = Max[₩19,000, ₩17,000] = ₩19,000
(6) 20X2년 손상차손 환입액 = Min[₩19,000, ₩18,000] − ₩15,000 = ₩3,000

08

정답 ①

	20X1년	20X2년
회사계상비용	₩200,000	
올바른 비용	(₩45,000)*	(₩45,000)
오류수정	₩155,000	(₩45,000)

*(₩200,000 − ₩20,000) ÷ 4년 = ₩45,000
∴ 정확한 당기순이익은 ₩1,000,000 − ₩45,000 = ₩955,000

09

정답 ③

③ 사채할인발행차금을 유효이자율법에 따라 상각할 때, 이자비용이 증가함으로써 재무상태표의 자본이 감소하고, 부채가 증가하게 된다.

10

정답 ③

③ 최초 인식 후 금융상품의 신용위험이 유의적으로 증가하지 아니한 경우에는 보고기간 말에 전체기간 기대신용손실이 아닌 12개월 기대신용손실에 해당하는 금액으로 손실충당금을 추정한다.

11

정답 ④

④ 완성될 제품이 원가 이상으로 판매될 것으로 예상하는 경우에는 그 생산에 투입하기 위해 보유하는 원재료 및 기타 소모품은 감액하지 아니한다.

12

정답 ③

③ 식별되는 수행의무는 계약서에 기재된 재화와 용역에 **한정되지 않을 수 있다.** 즉, 의제의무도 고객에게 약속한 수행의무로 간주할 수 있다.

13

정답 ④

(1) 1월 1일 현금의 증가액 = 1,000주 × ₩120 − ₩700 = ₩119,300

(2) 1월 1일 주식발행과 관련된 직접비용은 주식발행초과금에서 차감한다. 주식발행과 관련된 간접비용이라면 당기비용으로 처리한다.

(3) 7월 1일 자본금= 액면가액 × 발행주식수 = ₩100 × 1,000주 = ₩100,000

(4) 12월 31일 주식발행초과금으로 표시될 금액 = 1월 1일 주식발행초과금 − 7월 1일 주식할인발행차금
= (₩120 − ₩100) × 1,000주 − ₩700 − (₩100 − ₩90) × 1,000주
= ₩9,300

14

정답 ①

(1) 분개법

	구분	금액	구분	금액
IS	대손상각비	₩23,000	현금 + 외상매출	≪₩465,000≫
BS	대손충당금의 감소	₩2,000	매출채권의 감소	₩10,000
CF	매출로 인한 현금유입	₩450,000		

=

(2) 현금매출 + 외상매출 = ₩465,000 = 현금매출 ₩65,000 + 외상매출
∴ 외상매출 = ₩400,000

|참고| 증감분석법

(1) 당기 총 매출액

IS	매출	≪₩465,000≫
	대손상각비	(₩23,000)
BS	매출채권의 감소	+ ₩10,000
	대손충당금의 감소	(₩2,000)
CF	매출로 인한 현금유입액	+ ₩450,000

(2) 외상으로 매출한 금액 = 총매출액 − 현금매출액 = ₩465,000 − ₩65,000 = ₩400,000

|참고| T 계정법

매출채권 + 대손충당금

기초 매출채권	₩500,000	현금 회수액	₩450,000 − ₩65,000
기초 대손충당금	(₩27,000)	대손상각비	₩23,000
외상매출액	≪₩400,000≫	기말 매출채권	₩490,000
		기말 대손충당금	(₩25,000)
	₩873,000		₩873,000

15

정답 ③

③ 상호배분법은 보조부문 상호 간의 **용역수수관계가 중요할 때 적용하는 것이 타당하다.**

16

정답 ④

(1) 제조간접원가 배부액 = 실제 제조간접원가 + 과대배부액 = ₩3,800,000 + ₩200,000 = ₩4,000,000
(2) 제조간접원가 배부액 = 제조간접원가 배부율 × 직접노무시간 = 제조간접원가 배부율 × 20,000시간 = ₩4,000,000
∴ 제조간접원가 배부율 = ₩200/시간
(3) 제조간접원가 배부율 = 제조간접원가 예산/예상직접노무시간 = ₩5,000,000/예상 직접노무시간 = ₩200/시간
∴ 예상 직접노무시간 = 25,000시간

17

정답 ②

(1) 공손의 수량 = 기초재공품 + 당기착수량 − (당기완성량 + 기말재공품)
= 800단위 + 4,200단위 − (3,500단위 + 1,000단위) = 500단위
(2) 당기착수완성량 = 당기완성량 − 기초재공품
= 3,500단위 − 800단위 = 2,700단위
(3) 정상공손수량

구분	당해 검사통과 여부	정상공손수량 대상
① 기초재공품	× (80% 완성도이므로 전년도 검사에 통과함)	-
② 당기착수완성량	○ (100% 완성도이므로 당해 검사 통과)	2,700단위
③ 기말재공품	○ (60% 완성도이므로 당해 검사 통과)	1,000단위
		3,700단위

∴ 정상공손수량 3,700단위 × 10% = 370단위

(4) 비정상공손수량 = 공손수량 − 정상공손수량 = 500단위 − 370단위 = 130단위

18

정답 ①

1회 이용요금을 a라고 하면

매출액	1,000회 × a
(−) 변동원가	(−) 1,000회 × ₩100
공헌이익	(a − ₩100) × 1,000회
(−) 고정원가	(−) ₩100,000
목표이익	₩100,000

∴ a = 1회이용요금 = ₩300

19

정답 ①

② 재무제표는 재정상태표, 재정운영표, 순자산변동표, **현금흐름표**로 구성하며, 재무제표에 대한 주석을 포함한다.
③ 투자증권 중 지분증권은 취득원가로 평가한다. 다만, 재정상태표일 현재 신뢰성 있게 공정가액을 측정할 수 있다면 그 **공정가액**으로 평가한다.
④ 현재 세대와 미래 세대를 위하여 정부가 영구히 보존하여야 할 자산으로서 역사적, 자연적, 문화적, 교육적 및 예술적으로 중요한 가치를 갖는 자산은 자산으로 인식하지 아니하고 그 종류와 현황 등을 **주석**으로 공시한다.

20

정답 ③

③ 국가는 무형자산의 상각방법으로 정액법 등이 아닌 **정액법 만을 사용**하도록 규정되어 있다.

제 8 회 정답 및 해설

구분	재무	원가	정부	계
계산	7	3	1	11
서술	7	1	1	9
계	14	4	2	20

01	02	03	04	05	06	07	08	09	10	11	12	13	14	15	16	17	18	19	20
④	①	③	④	②	③	①	②	③	②	③	①	①	④	③	④	②	①	②	③

01

정답 ④

④ 하나의 경제적 현상은 여러 가지 방법으로 충실하게 표현될 수 있어 동일한 경제적 현상에 대해 대체적인 회계처리방법을 허용하면 비교가능성이 **감소**한다.

02

정답 ①

① 상이한 성격이나 기능을 가진 항목은 **구분하여** 표시하고, 중요하지 않은 항목은 성격이나 기능이 유사한 항목과 **통합하여** 표시한다.

03

정답 ③

③ 투자부동산에 대해 공정가치 모형을 선택한 경우 감가상각하지 않는다. 공정가치 변동으로 인한 손익은 **당기손익**으로 분류한다.

04

정답 ④

(1) 기말재고자산의 수량 = 기초수량 + 매입수량 − 매출수량 = 20개 + 30개 + 20개 − (25개 + 25개) = 20개
(2) 선입선출법하의 기말재고자산 = 9월 1일에 매입한 20개의 매입가액 = 20개 × ₩180 = ₩3,600
(3) 매출액 = 25개 × ₩300 + 25개 × ₩320 = 25개 × ₩620 = ₩15,500
(4) 매출원가 = 기초재고 + 당기매입 − 기말재고 = 20개 × ₩150 + 30개 × ₩200 + 20개 × ₩180 − ₩3,600 = ₩9,000
(5) 매출총이익 = 매출액 - 매출원가 = ₩15,500 − ₩9,000 = ₩6,500

05

정답 ②

(1) 손익계정(이자수익)의 마감은 집합손익으로 차변 ₩110,000으로 마감한다.
(2) 재무상태표계정(미수이자)의 마감은 차기이월로 대변 ₩30,000으로 마감한다.

참고 거래의 이해

(차)	현금	₩100,000	(대)	이자수익	₩100,000
(차)	미수이자	₩30,000	(대)	이자수익	₩30,000
(차)	이자수익	₩20,000	(대)	선수이자	₩20,000

06

정답 ③

당기손익 – 공정가치 측정 금융자산의 매입시 거래 수수료는 당기 비용으로 인식한다. 또한 기말의 평가손익도 모두 당기손익으로 인식한다.
A주식(당기손익 – 공정가치 측정 금융자산) 취득 시 발생한 거래수수료 ₩5,000 + A주식 평가손실 ₩3,000 = ₩8,000
∴ 당기순이익에 미치는 영향 = ₩8,000 감소

참고
기타포괄손익 – 공정가치 측정 금융자산의 거래수수료는 금융자산의 공정가치에 가산하며, 기타포괄손익 – 공정가치 측정 금융자산의 평가손익은 기타포괄손익으로 인식한다.

07

정답 ①

IS	매출총이익(매출액 - 매출원가)	₩365,000
BS	매출채권의 증감	(₩350,000)
	매입채무의 증가	+ ₩100,000
	재고자산의 증가	(₩150,000)
CF	순현금유출액	(₩35,000)

순현금유출액 = 현금유입액 – 현금유출액
= 매출채권 회수액 – 매입채무 지급액
= ₩1,235,000 – 매입채무 지급액 = (₩35,000)
∴ 매입채무 지급액 = ₩1,270,000

별해

(1) 매출채권

기초잔액	₩400,000	회수액	₩1,235,000
매출액	≪₩1,585,000≫	기말잔액	₩750,000
	₩1,985,000		₩1,985,000

(2) 매출총이익 = 매출액 - 매출원가 = ₩1,580,000 – 매출원가 = ₩365,000
∴ 매출원가 = ₩1,220,000

(3) 재고자산

기초재고액	₩150,000	매출원가	₩1,220,000
매입액	≪₩1,370,000≫	기말재고액	₩300,000
	₩1,520,000		₩1,520,000

(4) 매입채무

지급액	≪₩1,270,000≫	기초잔액	₩300,000
기말잔액	₩400,000	매입액	₩1,370,000
	₩1,670,000		₩1,670,000

08

정답 ②

② 충당부채는 과거 사건에 의해서 발생하였으며 경제적 효익을 갖는 자원이 기업으로부터 유출됨으로써 이행될 것으로 기대되는 현재의무이다. 충당부채로 인식하기 위해서는 과거사건으로 인한 의무가 기업의 미래행위와 **독립적이어야 한다**.

09

정답 ③

③ 계속기록법은 수량을 측정하여 기록했을 경우 장부상의 재고자산만 측정이 되므로 실지재고조사를 통해 재고의 수량을 파악하지 않으면 재고자산의 감모손실을 **인식할 수 없다**. 또한 실지재고수량을 바탕으로 평가손실을 인식해야 하므로 계속기록법만으로 감모손실과 평가손실을 **인식할 수는 없다**.

10

정답 ②

(1) 20X1년도 기말재고자산 수량 = 5,000개 − 4,000개 = 1,000개
(2) 20X1년도 재고자산의 단위당 고정제조간접원가 = ₩200,000/5,000개 = ₩40/개
(3) 20X2년도 기말재고자산 수량 = 1,000개 + 10,000개 − 10,000개 = 1,000개
(4) 20X2년도 재고자산의 단위당 고정제조간접원가 = ₩250,000/10,000개 = ₩25/개
(5) 이익차이

변동원가계산에 의한 영업이익	≪₩115,000≫
(+) 기말 재고자산이 보유하고 있는 고정제조간접원가	₩25/개 × 1,000개
(−) 기초 재고자산이 보유하고 있는 고정제조간접원가	₩40/개 × 1,000개
전부원가계산에 의한 영업이익	₩100,000

11

정답 ③

사채액면가액 ₩10,000 − (사채발행가액 ₩9,700 − 사채발행비 ₩200) = ₩500
사채의 실제 발행 금액

∴ 사채할인발행차금 = ₩500

참고 회계처리

(차)	현금	₩9,700	(대)	사채	₩10,000
	사채할인발행차금	₩300			
(차)	사채할인발행차금	₩200	(대)	현금(사채발행비)	₩200

12

정답 ①

- 상황 (가): 기계 A를 제거하고 처분이익 ₩150,000을 인식함과 동시에 기계 A의 공정가치인 ₩1,200,000을 기계 B의 취득원가로 인식한다.
- 상황 (나): 기계 A를 제거함과 동시에 기계B의 공정가치인 ₩1,050,000을 기계 B의 취득원가로 인식한다. 이 경우 기존 자산의 장부금액과 새로운 자산의 공정가치가 우연히 같기 때문에 인식할 처분손익은 ₩0이다.
- 상황 (다), (라): 상업적 실질이 없는 경우라면 회사의 실질에는 변화가 없으므로 제공한 자산, 기계 A의 장부가액 ₩1,050,000을 기준으로 취득원가를 구하고 처분손익을 인식하지 않는다.

13

정답 ①

(1) 순실현가치의 계산
- A : 800개 × @₩750 − ₩240,000 = ₩360,000
- B : 400개 × @₩1,500 − ₩360,000 = ₩240,000

(2) 결합원가 총액을 T라고 하면,
T × ₩360,000/₩600,000 = ₩270,000
∴ 결합원가 총액(T) = ₩450,000

14

정답 ④

① 유형자산의 감가상각대상금액은 **내용연수에 걸쳐 체계적인 방법으로 배분한다.** (K – IFRS 제1016호 문단 50)
② 유형자산의 잔존가치와 내용연수는 적어도 매 회계연도 말에 재검토하며, 재검토 결과 추정치가 종전 추정치와 다르다면 그 차이는 **회계추정의 변경**으로 회계처리한다. (K – IFRS 제1016호 문단 51)
③ 감가상각은 자산이 매각예정유동자산으로 분류되는 날과 자산이 제거되는 날 중 이른 날에 중지한다. 따라서 유형자산이 가동되지 않거나 운휴상태가 되더라도, **감가상각이 완전히 이루어지기 전까지는 감가상각을 중단하지 않는다.** (K – IFRS 제1016호 문단 55)

15

정답 ③

③ 금융자산의 매도가 일어나거나 미래에 일어날 것으로 예상되는 경우에도 사업모형은 계약상 현금흐름을 수취하기 위해 금융자산을 보유하는 것일 수 있다. 즉, **만기까지 보유할 필요는 없다.**

16

정답 ④

구분	20X1년	20X2년
발생원가	₩2,000	₩4,000
추정총계약원가	₩8,000	₩10,000
누적진행률	25% = ₩2,000/₩8,000	60% = (₩4,000 + ₩2,000)/₩10,000
당해 계약이익	(₩10,000 − ₩8,000) × 25% = ₩500	(₩12,000 − ₩10,000) × 60% − ₩500 = ₩700

17

정답 ②

(1) A제품과 B제품의 판매비율 = 80개 : 20개 = 4 : 1
(2) 단위당 공헌이익
- A제품 = ₩90 − ₩70 = ₩20
- B제품 = ₩140 − ₩100 = ₩40

(3) 묶음 수를 P라고 하면, (₩20 × 4P + ₩40 × P) = ₩3,000
∴ P = 25묶음

∴ A제품 판매수량 = 25묶음 × 4 = 100개

18

정답 ①

② 기초에 착수되어 진행되었던 제품이 먼저 완성이 되기 때문에 **선입선출법**이 실제 물량의 흐름에 충실한 원가의 흐름이다.
③ **선입선출법**이 기초재공품의 원가와 당기발생원가를 **구분하여** 계산하므로 평균법보다 원가계산이 더 정확하다고 할 수 있다.
④ 선입선출법은 **기초재공품**을 우선적으로 가공하여 완성시킨 후 **당기착수분**을 완성한다고 가정한다.

19

정답 ②

(1) 고정순자산 = 사회기반시설 투자액 ₩900,000 + 무형자산 투자액 ₩100,000 − 사회기반시설 투자 관련 차입금 ₩450,000
= ₩550,000
(2) 특정순자산 = 적립성기금의 원금 ₩150,000
(3) 일반순자산 = ₩300,000
(4) 순자산 = 고정순자산 + 특정순자산 + 일반순자산 = ₩550,000 + ₩150,000 + ₩300,000 = ₩1,000,000
(5) 자산 총계 = 부채 총계 + 순자산 = ₩2,000,000 + ₩1,000,000 = ₩3,000,000

20

정답 ③

③ 장기연불조건의 거래, 장기금전대차거래 또는 이와 유사한 거래에서 발생하는 채권 · 채무로서 명목가액과 현재가치의 차이가 중요한 경우에도 **현재가치로 평가한다**.

제 9 회 정답 및 해설

구분	재무	원가	정부	계
계산	6	4	-	10
서술	8	-	2	10
계	14	4	2	20

01	02	03	04	05	06	07	08	09	10	11	12	13	14	15	16	17	18	19	20
④	④	④	④	①	④	④	①	④	②	③	③	④	④	④	①	②	④	④	③

01

정답 ④

④ 개념체계는 수시로 개정이 되며, 개념체계가 개정되었다고 자동으로 회계기준이 개정되는 것은 아니다.

02

정답 ④

④ 외환손익 또는 단기매매금융상품에서 발생하는 손익과 같이 유사한 거래의 집합에서 발생하는 차익과 차손은 순액으로 표시한다. 그러나 그러한 차익과 차손이 중요한 경우에는 총액으로 표시한다.

03

정답 ④

④ 제거조건이 충족되지 않으면 관련 금융자산을 계속 인식해야 하므로 매출채권을 상계할 수 없다.

04

정답 ④

20X2년 당기손익에 미치는 영향 = 사채로 인한 자산부채의 증감

= 20X2년 초(= 20X1년 말) 사채장부금액 – 자산의 감소(= 현금 지급)

= ₩95,000 – (₩98,000 + ₩100,000 × 8%) = ₩11,000 감소

B/S (20X2. 1. 1. ~ 20X2. 12. 31.)	
(₩8,000) (₩98,000)	(₩95,000) (₩11,000)
(₩106,000)	(₩106,000)

참고 손익을 각각 산정

(1) 20X2년 이자비용 = ₩95,000 × 10% = ₩9,500

(2) 20X2년 말 사채의 장부금액 = ₩95,000 + (₩95,000 × 10% – ₩100,000 × 8%) = ₩96,500

(3) 사채 상환손실 = ₩96,500 – ₩98,000 = ₩1,500

∴ 사채가 (주)한국의 20X2년 당기순이익에 미치는 영향 = 이자비용 ₩9,500 + 상환손실 ₩1,500 = ₩11,000

05

정답 ①

매출채권

기초잔액	₩1,000,000	회수액	₩3,480,000
매출액	₩4,000,000	대손발생액	≪₩20,000≫
		기말잔액	₩1,500,000
	₩5,000,000		₩5,000,000

06

정답 ④

④ 제품과 상품, 재공품은 **예상판매원가에서 추가예상원가와 판매비용을 차감한 순실현가능액으로 평가**하고, 원재료와 기타 소모품의 경우 현행대체원가가 순실현가능가치에 대한 최선의 이용가능한 측정치가 될 수 있다.

07

정답 ④

④ 리스이용자의 리스부채 상환에 따른 현금의 유출은 **재무활동**으로 분류한다. 금융리스부채는 사실상 돈을 빌려서 리스자산을 취득하는 활동이다. 돈을 빌리고 갚는 활동은 재무활동이다. 나머지 모든 사항은 영업활동으로 분류한다.

08

정답 ①

소모품비 계정의 12월 31일자 수정분개를 반영한 최종잔액은 ₩80,000이다.
그러므로 소모품비용으로 인식할 금액은 ₩80,000이다.
해당 거래는 5월 1일 현금 ₩100,000을 지출하여 소모품비로 인식하고, 기말에 남은 소모품 재고가 ₩20,000이 있어서 수정분개를 통해 ₩20,000의 소모품을 인식하고 소모품비를 ₩20,000 감소시킨다.
그러므로 최종 인식하게 될 소모품비는 ₩80,000이 된다.

09

정답 ④

④ 자가건설에 따른 내부이익은 자가건설원가에 **포함하지 않는다**.

10

정답 ②

② 유효이자율법을 적용하는 경우 사채발행차금의 **상각액이나 환입액은 모두 매년 증가한다**.

11

정답 ③

③ 한국채택국제회계기준에서 진행률을 측정하는 방법은 **투입법과 산출법 두 가지 방법 모두 인정된다**.

12
정답 ③

(1) 재고자산평가손실은 감모손실을 먼저 인식한 후 인식한다.
(2) 재고자산평가손실 = (150개 − 30개) × (₩300 − ₩200) = ₩12,000

13
정답 ④

(1) 20X1년 초 특수장비의 취득원가 = ₩25,000 + 취득세 ₩3,000 + 등록세 ₩2,000 = ₩30,000
(자동차보험료는 20X1년 당기비용으로 인식함)
(2) 20X1년 말(= 20X2년 초) 장부금액 = ₩30,000 − ₩30,000/5년 = ₩24,000
(3) 20X2년 회수가능액 = Max[사용가치 ₩13,000, 순공정가치 ₩15,000] = ₩15,000
(4) 20X2년 특수장비와 관련된 회계처리가 당기순이익에 미치는 영향 = △자산의 증감 = ₩15,000 − ₩24,000 = (₩9,000)

14
정답 ④

(차)	집합손익	₩1,000,000	(대)	미처분이익잉여금	₩1,000,000
(차)	미처분이익잉여금	₩480,000	(대)	미지급배당금	₩300,000
				미교부주식배당금	₩50,000
				이익준비금	₩30,000
				사업확장적립금	₩100,000

∴ 처분 후 이익잉여금

이익준비금	₩30,000
사업확장적립금	₩100,000
미처분이익잉여금	₩520,000
이익잉여금 총계	₩650,000

15
정답 ④

재고자산(제품)

기초제품재고액	₩17,000	매출원가	≪₩282,000≫
당기제품제조원가	₩280,000	기말제품재고액	₩15,000
	₩297,000		₩297,000

16
정답 ①

(1) 현재의 손익분기점 판매량
손익분기점 판매량 × 판매가격 × 공헌이익률 = 고정원가
= 손익분기점 판매량 × ₩100 × 60%
= ₩15,000 + ₩21,000 + ₩12,000 = ₩48,000
∴ 손익분기점판매량 = 800개
(2) 급여체계 변경 후 공헌이익률 = 매출액의 10%가 성과급으로 지급되므로 변동원가가 ₩10(₩100 × 10%) 늘어나므로 공헌이익률은 50%[= (₩100 × 60% − ₩10)/₩100]로 변경되고, 고정원가는 ₩6,000이 감소한다.
(3) 변경 후 손익분기점 판매량 × 단위당 판매가격 × 공헌이익률 = 고정원가
= 변경 후 손익분기점 판매량 × ₩100 × 50% = ₩48,000 − ₩6,000 = ₩42,000
∴ 변경 후 손익분기점 판매량 = 840단위
(4) 판매량의 변화 = 840단위 - 800단위 = 40단위 증가

17

정답 ②

(1) 물량의 흐름 파악하기

재공품				완성품환산량(가공비)
기초재공품	500(50%)	완성품	3,900	
		기초재공품	500(50%)	250
당기착수량	4,000	당기착수분	3,400	3,400
		기말재공품	600(50%)	300
	4,500		4,500	3,950

(2) 실제로 발생한 전환원가 = 완성품환산량 단위당 원가 × 3,950단위 = ₩20 × 3,950단위 = ₩79,000

18

정답 ④

④ 「국가회계기준에 관한 규칙」의 재정상태표상 순자산은 **자산에서 부채를 차감한 금액**을 말한다. 이 때, 순자산은 기본순자산, 적립금 및 잉여금, 순자산조정으로 분류한다.

19

정답 ④

① 재무제표는 재정상태표, 재정운영표, 순자산변동표 및 현금흐름표로 구성하고, 재무제표에 대한 **주석도 포함한다**.
② 「국고금관리법 시행령」 제2장에 따른 출납정리기한 중에 발생한 거래에 대한 회계처리는 **해당 회계연도**에 발생한 거래로 본다.
③ 재무제표를 통합하여 작성하더라도 내부거래는 **상계한다**.

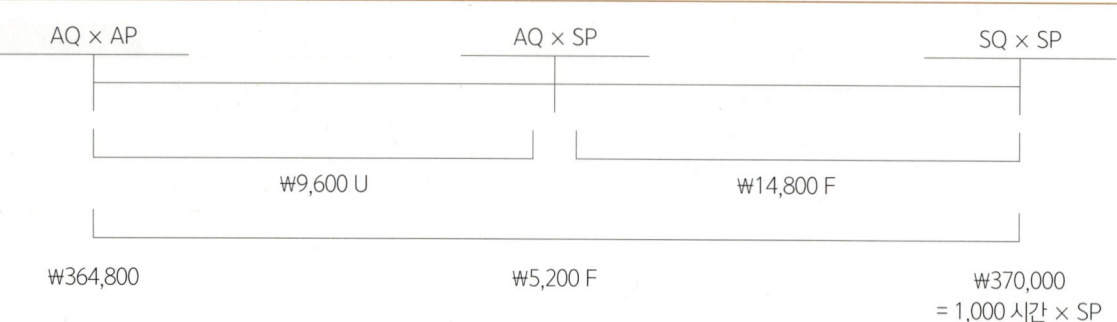

20

정답 ③

AQ × AP	AQ × SP	SQ × SP
₩9,600 U		₩14,800 F
₩364,800	₩5,200 F	₩370,000 = 1,000 시간 × SP

∴ SP(= 표준임률) = ₩370

제 10 회 정답 및 해설

구분	재무	원가	정부	계
계산	7	4	0	11
서술	7	0	2	9
계	14	4	2	20

01	02	03	04	05	06	07	08	09	10	11	12	13	14	15	16	17	18	19	20
①	④	④	②	④	④	①	①	③	②	③	①	③	②	③	③	②	②	④	②

01

정답 ①

① 특정 자산과 부채를 인식하기 위해서는 측정을 해야 하며, 많은 경우 그러한 측정은 추정될 수 있다. 추정을 통해서 정보를 보고하는 대표적인 예가 충당부채이다.

02

정답 ④

④ 투자부동산에 대해 공정가치모형을 적용하는 경우 공정가치변동으로 발생하는 손익은 당기손익으로 회계처리하고, 감가상각비는 인식하지 않는다.

03

정답 ④

(1) 보조부문 수선부문배부 : ₩240,000 × 30% = ₩72,000

(2) 절단부문에 배부되는 보조부문원가

- 수선 → 절단 : (₩72,000 + ₩201,000) × 40%/70% = ₩156,000
- 동력 → 절단 : ₩240,000 × 40% = ₩96,000

∴ ₩156,000 + ₩96,000 = ₩252,000

04

정답 ②

② 유동성 순서에 따른 표시방법이 신뢰성 있고 더욱 목적적합한 정보를 제공하는 경우를 제외하고는 자산과 부채는 유동 항목과 비유동 항목으로 구분하여 표시한다.

05

정답 ④

(1) 세전이익 × (1 - 법인세율) = 세후순이익 = 세전이익 × (1 – 20%) = ₩120,000

∴ 세전이익 = ₩150,000

(2) 단위당 공헌이익 = 총공헌이익/총판매량 = ₩200,000/200개 = ₩1,000/개

(3) 판매수량을 a라고 하면,

공헌이익	단위당 공헌이익 × a = ₩1,000/개 × a
(–) 고정원가	₩150,000
세전이익	₩150,000

∴ 판매수량 = a = 300개

06

정답 ④

① 현금흐름표는 회계연도 동안의 현금의 유입 및 유출내역을 나타내는 재무제표를 말하며, **운영활동**, 투자활동, 재무활동으로 구분한 회계연도 중의 현금흐름에 회계연도 초의 현금을 더하며 회계연도 말의 현금을 산출하는 형식으로 표시한다.

② **사회기반시설**은 국가의 기반을 형성하기 위하여 대규모로 투자하여 건설하고 그 경제적 효과가 장기간에 걸쳐 나타나는 자산을 말한다.

③ 채무증권과 지분증권의 경우에는 재정상태표일 현재 신뢰성 있게 공정가액을 측정할 수 있으면 그 공정가액으로 평가하고, 장부가액과 공정가액의 차이금액은 **순자산조정**에 반영한다.

07

정답 ①

① 성격이나 용도 면에서 유사한 재고자산에는 동일한 단위원가 결정방법을 적용하여야 하며, 성격이나 용도 면에서 차이가 있는 재고자산에는 서로 다른 단위원가 결정방법을 적용할 수 있다. 그러나 재고자산의 지역별 위치나 과세방식이 다르다는 이유만으로 **동일한 재고자산에 다른 단위원가 결정방법을 적용하는 것이 정당화될 수는 없다**.

08

정답 ①

① 주식배당을 실시하면, 발행주식수는 증가하고 자본금 역시 **증가**한다.

09

정답 ③

(1) 계속기록법으로 기록하고 개별법을 적용하고 있으므로 기말 재고자산은 8월 1일 위탁재고가 전부이다. 이때 위탁품의 적송운임은 재고자산에 가산한다.

(2) 2월 매입분 재고자산 = ₩8,000 + ₩1,000 = ₩9,000

(3) 8월 1일 잔여재고 = ₩9,000 × 50% + ₩1,000(적송운임) = ₩5,500

10

정답 ②

AQ × AP	AQ × SP	SQ × SP
3,000kg × @₩600 = ₩1,800,000	3,000kg × @₩500 = ₩1,500,000	1,400개 × 2kg × @₩500 = ₩1,400,000

가격차이	수량차이
₩300,000(불리)	₩100,000(불리)

11

정답 ③

② 생산용식물의 경우 유형자산으로 분류하고 감가상각을 수행한다. 생산용식물에서 자라고 있는 생산물은 생물자산이고, 이를 수확하는 경우 재고자산(수확물)으로 분류한다. 생산용식물 이외의 농림어업활동 목적의 생물자산은 순공정가치 측정대상인 생물자산으로 분류된다.

③ 비화폐성 자산 간의 교환 거래가 상업적 실질을 결여하지 않은 경우, 제공한 자산과 취득한 자산 모두의 공정가치를 신뢰성 있게 측정할 수 없다면 유형자산의 취득원가는 그 교환으로 취득한 자산이 아니라 **'제공한 자산'의 장부금액**으로 측정한다.

12

정답 ①

① 교환거래로 생긴 수익은 재화나 서비스 제공의 반대급부로 생긴 사용료, 수수료 등으로서 **수익창출활동이 끝나고 그 금액을 합리적으로 측정할 수 있을 때**에 인식한다. 해당 수익에 대한 청구권이 발생하고 그 금액을 합리적으로 측정할 수 있을 때에 인식하는 것은 비교환거래로 생긴 수익이다.

13

정답 ③

무형자산의 재평가는 유형자산과 동일하다.

(1) 20X1년 감가상각 후 장부금액 = ₩100,000 − ₩100,000/5년 = ₩80,000

(2) 20X1년 재평가잉여금 = ₩88,000 − ₩80,000 = ₩8,000

(3) 20X2년 말 감가상각 후 장부금액 = ₩88,000 − ₩88,000/4년 = ₩66,000

(4) 재평가차액 = ₩66,000 − 공정가치 ₩52,800 = ₩13,200

(5) 재평가손실 = ₩13,200 − ₩8,000 = ₩5,200

14

정답 ②

② 컴퓨터로 제어되는 기계장치가 특정 컴퓨터 소프트웨어가 없으면 가동이 불가능한 경우에는 **그 소프트웨어를 관련된 하드웨어의 일부로 보아 유형자산으로 회계처리한다.**

15

정답 ③

① 과거에 우발부채로 처리하였더라도 미래경제적효익의 유출가능성이 높아진 경우에는 그러한 가능성의 변화가 생긴 기간의 재무제표에 **충당부채로 인식할 수 있다.**

② 보증의무를 이행하기 위하여 경제적 효익이 있는 자원을 유출할 가능성이 희박하다면 **우발부채로도 공시하지 않는다.**

④ 보증의무를 이행하기 위한 자원의 유출가능성은 높지만 금액을 신뢰성 있게 추정할 수 없다면 **주석에 우발부채로 공시한다.**

16

정답 ③

(1) 평균 매출채권 = (₩450 + ₩550)/2 = ₩500

(2) 평균 재고자산 = (₩360 + ₩440)/2 = ₩400

(3) 매출채권회전율 = 매출액/평균 매출채권 = 매출액/₩500 = 5회

∴ 매출액 = ₩2,500

(4) 재고자산회전율 = 매출원가/평균 재고자산 = 매출원가/₩400 = 4회

∴ 매출원가 = ₩1,600

(5) 매출총이익 = 매출액 − 매출원가 = ₩2,500 − ₩1,600 = ₩900

17

정답 ②

(1) 제조간접원가 예정배부율 = 제조간접원가 예산/예상 기계가동시간 = ₩150,000/3,000시간 = ₩50/시간

(2) 실제 발생한 제조간접원가

실제	배부
≪₩165,000≫	실제조업도 3,200시간 × 예정배부율 ₩50/시간 = ₩160,000

₩5,000 과소배부

18

정답 ②

(1) 구축물의 취득원가 = 구축물 매입가격 + 복구비용의 현재가치 = ₩300,000 + ₩62,000 = ₩362,000

(2) 20X1년 감가상각비 = ₩362,000/5년 = ₩72,400

(3) 20X1년 복구충당부채의 이자비용 = ₩6,200

(4) 20X1년 당기손익에 미치는 영향 = ₩72,400 + ₩6,200 = ₩78,600

(5) 20X1년 말 복구충당부채의 장부금액 = ₩68,200

(6) 복구시점에 소요되는 원가가 복구예상원가 ₩100,000을 초과하면 발생시점에 비용으로 인식한다.

19

정답 ④

(1) 기타포괄손익 금융자산의 취득원가

= 매입가액 + 매입수수료 = ₩10,000 + ₩500 = ₩10,500

(2) 기말평가손익 = 기말공정가치 - 취득원가 = ₩8,000 − ₩10,500 = (₩2,500)

∴ 금융자산 평가손실 ₩2,500 (기타포괄손익)

20

정답 ②

(1) 20X1년 매입의 과대계상은 매출원가의 과대계상으로 이어지고, 매출원가의 과대계상은 당기손익의 과소계상으로 이어진다. 또한 20X2년도 외상매입액을 20X1년으로 회계처리하였으므로, 자동조정오류이다.

(2) 재고자산의 오류 수정

구분	20X1년 말	20X2년 말
매입 오류	+ ₩10,000	(₩10,000)
기말재고자산 오류	(₩20,000)	+ ₩20,000
계	(₩10,000)	+ ₩10,000

∴ 오류의 수정으로 20X2년 당기순이익에 미치는 영향은 ₩10,000 증가이다.

제 11 회 정답 및 해설

구분	재무	원가	정부	계
계산	6	4	0	10
서술	8	0	2	10
계	14	4	2	20

01	02	03	04	05	06	07	08	09	10	11	12	13	14	15	16	17	18	19	20
④	②	①	②	②	①	②	①	②	①	①	②	②	②	①	②	④	③	②	②

01

정답 ④

④ 일반목적재무보고서의 이용자들은 경제적 의사결정을 위해 객관적이고, 중립적인 정보가 필요한 것은 사실이다. 그렇다고 해서 정치적 사건이나 정치적 풍토와 같은 정보를 고려하지 않을 수는 없다.

02

정답 ②

① 재고자산에 대한 재고자산평가충당금과 매출채권에 대한 대손충당금과 같은 평가충당금을 차감하여 관련 자산을 순액으로 측정하는 것은 상계표시에 해당하지 아니한다.

② 중요하지 않은 정보일 경우 한국채택국제회계기준에서 요구하는 특정 공시를 제공할 필요는 없다.

③, ④ 기타포괄손익의 구성요소는 다음 중 한 가지 방법을 선택하여 표시할 수 있다.

> ⅰ) 관련 법인세 효과를 차감한 순액으로 표시
> ⅱ) 관련 법인세 효과 반영 전 금액으로 표시하고, 각 항목들에 관련된 법인세 효과는 단일 금액으로 합산하여 표시

03

정답 ①

① 재무회계는 실제 원가를 통해 재고자산의 취득원가를 측정한다. 다만, 표준원가법으로 평가한 결과가 실제원가와 유사한 경우에 편의상 표준원가법을 사용할 수 있다.

04

정답 ②

매출액	₩300,000	
매출원가	(₩125,000)	
매출총이익		₩175,000
판매비와관리비		(₩53,000)
급여(판매사원)	(₩20,000)	
감가상각비(본사)	(₩1,000)	
임차료(영업점)	(₩32,000)	
영업이익		₩122,000
영업외수익		₩27,000
임대료	₩15,000	
이자수익(대여금)	₩12,000	
영업외비용		(₩7,000)
대손상각비(대여금)	(₩4,000)	
사채이자비용	(₩3,000)	
법인세비용차감전손익		₩142,000
법인세비용	≪₩22,000≫	
당기순이익		₩120,000

05

정답 ②

② 특수관계자로부터 유형자산을 저가로 구입한 경우 구입한 대가로 지급한 금액을 취득원가로 인식하는 것이 아니라, **취득하는 자산의 공정가치로 인식하고 공정가치와 대가의 차이는 자산수증이익(수익)으로 인식한다**.

06

정답 ①

ㄷ. 무형자산으로 인식하기 위해서는 식별가능성, 자원에 대한 통제 및 미래 경제적효익의 존재 **모두를 만족해야 한다**.

ㄹ. 무형자산을 창출하기 위한 내부 프로젝트를 연구단계와 개발단계로 구분할 수 없는 경우에는 그 프로젝트에서 발생한 지출은 모두 **연구단계**에서 발생한 것으로 본다.

07

정답 ②

(1) 기말자본(기말자산 − 기말부채) = ₩80,000 − ₩50,000 = ₩30,000

(2) 기초자본(기초자산 − 기초부채) = ₩22,000 − ₩3,000 = ₩19,000

(3) 자본의 증감(기말자본 − 기초자본) = ₩30,000 − ₩19,000 = ₩11,000

기초자본	₩19,000
현금배당	(₩1,000)
유상증자	+ ₩7,000
유상감자	(₩12,000)
수익총액	+ ₩35,000
비용총액	≪(₩18,000)≫
기말자본	₩30,000

08

정답 ①

① 사채할증발행차금을 유효이자율법에 따라 상각하는 경우 사채할증발행차금상각액은 기간이 경과함에 따라 **증가**한다.

09

정답 ②

자본금에 미치는 영향은 소각 시 자본금의 감소 = ₩100 × 500주 = (₩50,000)
그러므로 자본금 총계잔액은 ₩1,000,000 − ₩50,000 = ₩950,000
자본총계에 미치는 영향은 현금의 유 · 출입으로 판단 = (1,000주 × ₩200) + 500주 × ₩300 = (₩50,000)

10

정답 ①

① 우발자산은 수익의 실현이 거의 확실 시 되지 않으면 자산으로 인식할 수 없으며, **자원의 유입가능성이 높은 경우** 주석으로 공시한다. (**금액의 신뢰성 있는 추정을 필요로 하지 않는다.**)

11

정답 ①

(1) 기초 대손충당금

대손충당금

대손발생액	₩4,500	기초잔액	≪₩3,200≫
기말잔액	₩2,500	대손상각비	₩3,800
	₩7,000		₩7,000

(2) 기초매출채권 회수가능액 = ₩80,000 − ₩3,200 = ₩76,800

12

정답 ②

② 유의적인 금융요소는 고객이 약속한 대가의 **지급시기가 명확한 경우에만 존재할 수 있다.** 거래 당사자들 간에 합의한 지급시기 때문에 유의적인 금융효익이 고객이나 기업에 제공되는 경우에 화폐의 시간가치가 미치는 영향을 반영하여 약속된 대가를 조정한다. 대가의 금액과 시기가 미래사건의 발생 여부에 따라 달라지는 경우로는 기업이 고객에게 라이선스를 제공하고 판매기준 혹은 사용기준의 로열티를 수수하는 경우가 있는데, 이와 같은 경우 계약은 유의적인 금융요소를 포함하고 있지 않는 것으로 본다.

13

정답 ②

재고자산 평가방법의 변경은 정책의 변경이다. 정책의 변경은 오류수정과 마찬가지로 소급 적용된다. 마치 오류를 수정하듯이 간이 오류수정표를 작성하여 접근하면 손익에 미치는 효과와 이익잉여금에 미치는 효과를 계산할 수 있다.

[오류수정표]

구분	20X0년	20X1년	20X1년 누계(이익잉여금)
재고자산 과소	이익 ₩100,000 과소	이익 ₩100,000 과대	
		이익 ₩150,000 과소	₩150,000 과소
당기순이익	이익 ₩100,000 과소	이익 ₩50,000 과소	

14

정답 ②

손익분기점 매출수량은 (고정비/단위당 공헌이익)인데, 단위당 판매가격이 ₩5,000이고, 이 금액의 20%가 공헌이익이므로, 단위당 공헌이익은 ₩1,000이다.

따라서, 손익분기점 매출수량은 4,000개(₩4,000,000 ÷ ₩1,000)이다.

15

정답 ①

생산량이 판매량보다 크기 때문에 기말재고자산이 증가하여 전부원가계산에 의한 이익이 변동원가계산에 의한 것보다 기말재고자산에 포함되어 있는 고정제조간접비만큼 크다.

∴ 전부원가계산에 의한 이익이 ₩250,000(= ₩2,500,000 × 1,000개/10,000개) 크다.

16

정답 ②

구분	금액	비고
토지 구입대금	₩1,000,000	토지의 취득원가
사옥 신축 개시 이전까지 토지 임대를 통한 수익	–	당기수익
토지 취득세 및 등기수수료	₩70,000	토지의 취득원가
창고 철거비	₩10,000	토지의 취득원가
창고 철거 시 발생한 폐자재 처분 수입	(₩5,000)	토지의 취득원가에서 차감
본사 사옥 설계비	–	건물의 취득원가
본사 사옥 공사대금	–	건물의 취득원가
토지의 취득원가	≪₩1,075,000≫	

17

정답 ④

물량의 흐름 파악하기

재공품

차변		대변		완성품환산량(가공비)
기초재공품	1,000(30%)	완성품	7,000	
		기초	1,000(30%)	700
당기착수량	10,000	당기착수분	6,000	6,000
		기말재공품	4,000(30%)	1,200
	11,000		11,000	7,900

∴ 가공비 완성품 환산량 = 7,900개

18

정답 ③

(1) 기초재공품 = 기말재공품의 200% = ₩3,000 × 200% = ₩6,000

(2) 당기총제조원가

재공품 + 제품

기초 재공품	₩6,000	매출원가	₩20,000
기초 제품	₩5,000		
		기말 재공품	₩3,000
당기총제조원가	≪₩15,000≫	기말 제품	₩3,000
	₩26,000		₩26,000

(3) 당기총제조원가 = 직접재료원가 + 직접노무원가 + 제조간접원가

= ₩6,000 + 직접노무원가 + 직접노무원가 × 50% = ₩15,000

∴ 직접노무원가 = ₩6,000

(4) 기본원가 = 직접재료원가 + 직접노무원가 = ₩6,000 + ₩6,000 = ₩12,000

19

정답 ②

② 국가회계실체 사이에서 발생하는 관리전환은 **유상관리전환**인 경우에는 **자산의 공정가액**을 취득원가로 하고 **무상관리전환**은 **장부금액**을 인식한다.

20

정답 ②

② 비망계정은 어떤 경제활동의 발생을 기억하기 위해 기록하는 계정을 말한다. 그러나 **자산 또는 부채의 항목으로 표시하지 않는다**.

제 12 회 정답 및 해설

구분	재무	원가	정부	계
계산	7	2	1	10
서술	7	2	1	10
계	14	4	2	20

01	02	03	04	05	06	07	08	09	10	11	12	13	14	15	16	17	18	19	20
④	①	④	④	①	①	③	③	④	③	①	②	②	②	①	③	①	②	②	②

01

정답 ④

현금을 차입했다면 현금잔액이 늘어나기 때문에 대변이 아닌 차변에 기록되어야 한다.
그러므로 위 거래는 '**은행 차입금 ₩3,000,000을 현금으로 지급하였다**'가 되어야 한다.

02

정답 ①

① 역사적 원가는 자산을 취득하거나 창출하기 위해 지급한 대가에 거래원가를 **포함한다**.

03

정답 ④

기초자본 ₩1,000 } ₩500 자본유지조정
유지해야 할 자본 상품A 5개 × @₩300 = ₩1,500
기말자본 ₩2,000 } ₩500 이익

04

정답 ④

④ 기본주당이익과 희석주당이익이 부의금액(즉, 주당손실)인 경우에도 **표시해야 한다**.

05

정답 ①

재고자산(직접재료 + 재공품 + 제품)

8/1 직접재료	₩4,000	매출원가	₩68,000
직접재료 매입액	₩25,000		
가공원가	≪₩45,000≫	8/31 직접재료	₩5,000
8/1 재공품	₩7,000	8/31 재공품	₩6,000
8/1 제품	₩20,000	8/31 제품	₩22,000
	₩101,000		₩101,000

06

정답 ①

(1) 20X1년 초 감가상각누계액 : (₩1,000,000 − ₩50,000) × 4/10 = ₩380,000
(2) 20X1년의 감가상각비 : (₩1,000,000 − ₩380,000 − ₩0) × 1/4 = ₩155,000

07

정답 ③

(1) 매출채권이 제거되지 않고 단기차입금이 증가한 것으로 보아 실질적인 위험과 효익이 이전되지 않은 담보차입거래로 볼 수 있다. 실질적인 위험과 효익의 이전이 확실하지 않은 경우 어음의 통제권이 양도자에게 남아있는 경우 담보차입거래로 처리한다.
(2) 어음의 액면이자율은 1개월 보유한 어음의 이자수익이 ₩5,000인 것으로 볼 때,
액면금액 × 액면이자율 × 1개월/12개월 = ₩1,000,000 × 액면이자율 × 1개월/12개월 = ₩5,000
∴ 액면이자율 = 6%

08

정답 ③

③ 순실현가치법은 분리점에서 판매가치를 **알 수 없을 경우에도 적용할 수 있다**. 최종 판매가치와 추가가공원가 및 판매비 등의 정보가 있으면 가능하다.

09

정답 ④

① 현금및현금성자산을 구성하는 항목 간 이동은 현금흐름에 **포함하지 않는다**.
② **투자활동**은 유 · 무형자산, 다른 기업의 지분상품이나 채무상품 등의 취득과 처분활동, 제3자에 대한 대여 및 회수활동 등을 포함한다.
③ **재무활동**은 기업의 납입자본과 차입금의 크기 및 구성내용에 변동을 가져오는 활동을 말한다.

10

정답 ③

(1) 반품재고자산을 반영하지 않은 매출원가

재고자산

기초	₩10,000	매출원가	≪₩80,000≫
매입	₩105,000	기말	₩20,000 + ₩15,000*
	₩115,000		₩115,000

*₩45,000 × (₩60,000 − ₩40,000)/₩60,000 = ₩15,000

(2) 반품재고자산은 반환제품회수권으로 인식되고 장부에서 재고자산은 제외된다.
다만, 반품가능성이 높은 부분은 매출원가에서 제외되어야 한다.
∴ ₩80,000 − ₩50,000 × 20% = ₩70,000

11

정답 ①

(1) 생산량 > 판매량 → 전부원가계산의 이익이 더 크다
(2) 생산량 < 판매량 → 변동원가계산의 이익이 더 크다

12

정답 ②

① 후속 생산단계에 투입하기 전에 보관이 필요한 경우 이외의 보관원가는 **당기비용으로 처리**한다.
③ 재고자산의 지역별 위치나 과세방식이 다르다고 하여도 **동일한 재고자산에는 동일한 단위원가 결정방법을 적용해야 한다**.
④ 완성될 제품이 원가 이상으로 판매될 것으로 예상하는 경우에는 **원재료는 감액하지 않는다**.

13

정답 ②

(1) 사채의 실제 발행가액 = ₩102,800 − ₩1,000 = ₩101,800
(2) 사채의 미래 현금흐름 = ₩100,000 + ₩100,000 × 8% × 3년 = ₩124,000
(3) 이자비용총액 = ₩124,000 − ₩101,800 = ₩22,200

14

정답 ②

② 안전 또는 환경상의 이유로 취득하는 유형자산의 경우 그 자체로는 직접적인 미래 경제적효익을 얻을 수 없지만, 다른 자산의 미래 경제적효익을 얻기 위하여 필요할 수 있다. 이러한 유형자산은 당해 유형자산을 취득하지 않았을 경우보다 관련 자산으로부터 미래 경제적효익을 더 많이 얻을 수 있게 해주기 때문에 **자산으로 인식할 수 있다**.

15

정답 ①

(1) 변동원가손익계산서

매출액	₩500,000
변동원가(변동원가율 60% × 매출액 ₩500,000)	(₩300,000)
공헌이익	₩200,000
고정원가	(₩160,000)
세전영업이익	₩40,000
세후영업이익{세전영업이익 × (1 − 법인세율 30%)}	₩28,000

(2) 영업레버리지도 = 공헌이익/영업이익 = ₩200,000/₩40,000 = 5
(3) 안전한계율 = 영업이익/공헌이익 = ₩40,000/₩200,000 = 20%
(4) 손익분기점 매출액 × 공헌이익률 40% = 고정원가 ₩160,000
∴ 손익분기점 매출액 = ₩400,000

16

정답 ③

③ 재고자산을 공정가치로 평가하는 투자부동산으로 대체하는 경우 재고자산의 장부금액과 대체시점의 공정가치의 차액은 재고자산에서 발생한 손익이므로 재고자산의 매각과 동일하게 **당기손익**으로 인식한다.

17

정답 ①

① 연구단계에서 발생한 지출은 **전액 당기비용으로 처리한다**.

18

정답 ②

(1) 20X2년까지의 누적공사진행률이 70%, 20X2년도의 공사진행률 = ₩3,200,000/₩8,000,000 = 40%
 이므로 20X1년도 공사진행률은 30%(70% − 40%)

(2) 20X2년까지의 총공사이익 = ₩10,000,000 − ₩8,000,000 = ₩2,000,000

(3) 20X1년의 공사이익 = ₩2,000,000 × 30% = ₩600,000

19

정답 ②

① 재정상태표상 부채는 **유동부채, 장기차입부채 및 기타비유동부채**로 분류한다. 장기충당부채는 지방자치단체의 재정상태표상 부채의 분류에 해당하지 않는다.

③ 부채의 가액은 회계실체가 지급의무를 지는 채무액을 말하며, 채무액은 「지방자치단체 회계기준에 관한 규칙」에서 정하는 것을 제외하고는 **만기상환가액**으로 함을 원칙으로 한다.

④ 장기연불조건의 매매거래, 장기금전대차거래 또는 이와 유사한 거래에서 발생하는 채무로서 명목가액과 현재가치의 차이가 중요한 경우에는 이를 **현재가치로 평가한다**.

20

정답 ②

프로그램수익 = 연금수익 ₩8,000 + 용역제공수익 ₩15,000 = ₩23,000

*국세수익과 부담금수익은 비교환수익에 속하고, 이자수익과 일반유형자산처분이익은 비배분수익에 속한다.

2026 오정화 회계학
베스트모의고사

1회독용 OMR답안지

1회독할 때 정답을 마킹해 보세요.

	제 1 회 회계학	제 2 회 회계학	제 3 회 회계학	제 4 회 회계학	제 5 회 회계학	제 6 회 회계학
1	① ② ③ ④	① ② ③ ④	① ② ③ ④	① ② ③ ④	① ② ③ ④	① ② ③ ④
2	① ② ③ ④	① ② ③ ④	① ② ③ ④	① ② ③ ④	① ② ③ ④	① ② ③ ④
3	① ② ③ ④	① ② ③ ④	① ② ③ ④	① ② ③ ④	① ② ③ ④	① ② ③ ④
4	① ② ③ ④	① ② ③ ④	① ② ③ ④	① ② ③ ④	① ② ③ ④	① ② ③ ④
5	① ② ③ ④	① ② ③ ④	① ② ③ ④	① ② ③ ④	① ② ③ ④	① ② ③ ④
6	① ② ③ ④	① ② ③ ④	① ② ③ ④	① ② ③ ④	① ② ③ ④	① ② ③ ④
7	① ② ③ ④	① ② ③ ④	① ② ③ ④	① ② ③ ④	① ② ③ ④	① ② ③ ④
8	① ② ③ ④	① ② ③ ④	① ② ③ ④	① ② ③ ④	① ② ③ ④	① ② ③ ④
9	① ② ③ ④	① ② ③ ④	① ② ③ ④	① ② ③ ④	① ② ③ ④	① ② ③ ④
10	① ② ③ ④	① ② ③ ④	① ② ③ ④	① ② ③ ④	① ② ③ ④	① ② ③ ④
11	① ② ③ ④	① ② ③ ④	① ② ③ ④	① ② ③ ④	① ② ③ ④	① ② ③ ④
12	① ② ③ ④	① ② ③ ④	① ② ③ ④	① ② ③ ④	① ② ③ ④	① ② ③ ④
13	① ② ③ ④	① ② ③ ④	① ② ③ ④	① ② ③ ④	① ② ③ ④	① ② ③ ④
14	① ② ③ ④	① ② ③ ④	① ② ③ ④	① ② ③ ④	① ② ③ ④	① ② ③ ④
15	① ② ③ ④	① ② ③ ④	① ② ③ ④	① ② ③ ④	① ② ③ ④	① ② ③ ④
16	① ② ③ ④	① ② ③ ④	① ② ③ ④	① ② ③ ④	① ② ③ ④	① ② ③ ④
17	① ② ③ ④	① ② ③ ④	① ② ③ ④	① ② ③ ④	① ② ③ ④	① ② ③ ④
18	① ② ③ ④	① ② ③ ④	① ② ③ ④	① ② ③ ④	① ② ③ ④	① ② ③ ④
19	① ② ③ ④	① ② ③ ④	① ② ③ ④	① ② ③ ④	① ② ③ ④	① ② ③ ④
20	① ② ③ ④	① ② ③ ④	① ② ③ ④	① ② ③ ④	① ② ③ ④	① ② ③ ④
	문항 / 20문항	문항 / 20문항	문항 / 20문항	문항 / 20문항	문항 / 20문항	문항 / 20문항

2026 오정화 회계학
베스트모의고사

1회독용 OMR답안지

1회독할 때 정답을 마킹해 보세요.

제 7 회 회계학	
1	① ② ③ ④
2	① ② ③ ④
3	① ② ③ ④
4	① ② ③ ④
5	① ② ③ ④
6	① ② ③ ④
7	① ② ③ ④
8	① ② ③ ④
9	① ② ③ ④
10	① ② ③ ④
11	① ② ③ ④
12	① ② ③ ④
13	① ② ③ ④
14	① ② ③ ④
15	① ② ③ ④
16	① ② ③ ④
17	① ② ③ ④
18	① ② ③ ④
19	① ② ③ ④
20	① ② ③ ④
	문항 / 20문항

제 8 회 회계학	
1	① ② ③ ④
2	① ② ③ ④
3	① ② ③ ④
4	① ② ③ ④
5	① ② ③ ④
6	① ② ③ ④
7	① ② ③ ④
8	① ② ③ ④
9	① ② ③ ④
10	① ② ③ ④
11	① ② ③ ④
12	① ② ③ ④
13	① ② ③ ④
14	① ② ③ ④
15	① ② ③ ④
16	① ② ③ ④
17	① ② ③ ④
18	① ② ③ ④
19	① ② ③ ④
20	① ② ③ ④
	문항 / 20문항

제 9 회 회계학	
1	① ② ③ ④
2	① ② ③ ④
3	① ② ③ ④
4	① ② ③ ④
5	① ② ③ ④
6	① ② ③ ④
7	① ② ③ ④
8	① ② ③ ④
9	① ② ③ ④
10	① ② ③ ④
11	① ② ③ ④
12	① ② ③ ④
13	① ② ③ ④
14	① ② ③ ④
15	① ② ③ ④
16	① ② ③ ④
17	① ② ③ ④
18	① ② ③ ④
19	① ② ③ ④
20	① ② ③ ④
	문항 / 20문항

제 10 회 회계학	
1	① ② ③ ④
2	① ② ③ ④
3	① ② ③ ④
4	① ② ③ ④
5	① ② ③ ④
6	① ② ③ ④
7	① ② ③ ④
8	① ② ③ ④
9	① ② ③ ④
10	① ② ③ ④
11	① ② ③ ④
12	① ② ③ ④
13	① ② ③ ④
14	① ② ③ ④
15	① ② ③ ④
16	① ② ③ ④
17	① ② ③ ④
18	① ② ③ ④
19	① ② ③ ④
20	① ② ③ ④
	문항 / 20문항

제 11 회 회계학	
1	① ② ③ ④
2	① ② ③ ④
3	① ② ③ ④
4	① ② ③ ④
5	① ② ③ ④
6	① ② ③ ④
7	① ② ③ ④
8	① ② ③ ④
9	① ② ③ ④
10	① ② ③ ④
11	① ② ③ ④
12	① ② ③ ④
13	① ② ③ ④
14	① ② ③ ④
15	① ② ③ ④
16	① ② ③ ④
17	① ② ③ ④
18	① ② ③ ④
19	① ② ③ ④
20	① ② ③ ④
	문항 / 20문항

제 12 회 회계학	
1	① ② ③ ④
2	① ② ③ ④
3	① ② ③ ④
4	① ② ③ ④
5	① ② ③ ④
6	① ② ③ ④
7	① ② ③ ④
8	① ② ③ ④
9	① ② ③ ④
10	① ② ③ ④
11	① ② ③ ④
12	① ② ③ ④
13	① ② ③ ④
14	① ② ③ ④
15	① ② ③ ④
16	① ② ③ ④
17	① ② ③ ④
18	① ② ③ ④
19	① ② ③ ④
20	① ② ③ ④
	문항 / 20문항

2026 오정화 회계학
베스트모의고사

2회독용 OMR답안지

2회독할 때 정답을 마킹해 보세요.

번호	제 1 회 회계학	제 2 회 회계학	제 3 회 회계학	제 4 회 회계학	제 5 회 회계학	제 6 회 회계학
1	① ② ③ ④	① ② ③ ④	① ② ③ ④	① ② ③ ④	① ② ③ ④	① ② ③ ④
2	① ② ③ ④	① ② ③ ④	① ② ③ ④	① ② ③ ④	① ② ③ ④	① ② ③ ④
3	① ② ③ ④	① ② ③ ④	① ② ③ ④	① ② ③ ④	① ② ③ ④	① ② ③ ④
4	① ② ③ ④	① ② ③ ④	① ② ③ ④	① ② ③ ④	① ② ③ ④	① ② ③ ④
5	① ② ③ ④	① ② ③ ④	① ② ③ ④	① ② ③ ④	① ② ③ ④	① ② ③ ④
6	① ② ③ ④	① ② ③ ④	① ② ③ ④	① ② ③ ④	① ② ③ ④	① ② ③ ④
7	① ② ③ ④	① ② ③ ④	① ② ③ ④	① ② ③ ④	① ② ③ ④	① ② ③ ④
8	① ② ③ ④	① ② ③ ④	① ② ③ ④	① ② ③ ④	① ② ③ ④	① ② ③ ④
9	① ② ③ ④	① ② ③ ④	① ② ③ ④	① ② ③ ④	① ② ③ ④	① ② ③ ④
10	① ② ③ ④	① ② ③ ④	① ② ③ ④	① ② ③ ④	① ② ③ ④	① ② ③ ④
11	① ② ③ ④	① ② ③ ④	① ② ③ ④	① ② ③ ④	① ② ③ ④	① ② ③ ④
12	① ② ③ ④	① ② ③ ④	① ② ③ ④	① ② ③ ④	① ② ③ ④	① ② ③ ④
13	① ② ③ ④	① ② ③ ④	① ② ③ ④	① ② ③ ④	① ② ③ ④	① ② ③ ④
14	① ② ③ ④	① ② ③ ④	① ② ③ ④	① ② ③ ④	① ② ③ ④	① ② ③ ④
15	① ② ③ ④	① ② ③ ④	① ② ③ ④	① ② ③ ④	① ② ③ ④	① ② ③ ④
16	① ② ③ ④	① ② ③ ④	① ② ③ ④	① ② ③ ④	① ② ③ ④	① ② ③ ④
17	① ② ③ ④	① ② ③ ④	① ② ③ ④	① ② ③ ④	① ② ③ ④	① ② ③ ④
18	① ② ③ ④	① ② ③ ④	① ② ③ ④	① ② ③ ④	① ② ③ ④	① ② ③ ④
19	① ② ③ ④	① ② ③ ④	① ② ③ ④	① ② ③ ④	① ② ③ ④	① ② ③ ④
20	① ② ③ ④	① ② ③ ④	① ② ③ ④	① ② ③ ④	① ② ③ ④	① ② ③ ④
	문항 / 20문항	문항 / 20문항	문항 / 20문항	문항 / 20문항	문항 / 20문항	문항 / 20문항

2026 오정화 회계학
베스트모의고사

2회독용 OMR답안지

2회독할 때 정답을 마킹해 보세요.

제 7 회 회계학	제 8 회 회계학	제 9 회 회계학	제 10 회 회계학	제 11 회 회계학	제 12 회 회계학
1 ① ② ③ ④	1 ① ② ③ ④	1 ① ② ③ ④	1 ① ② ③ ④	1 ① ② ③ ④	1 ① ② ③ ④
2 ① ② ③ ④	2 ① ② ③ ④	2 ① ② ③ ④	2 ① ② ③ ④	2 ① ② ③ ④	2 ① ② ③ ④
3 ① ② ③ ④	3 ① ② ③ ④	3 ① ② ③ ④	3 ① ② ③ ④	3 ① ② ③ ④	3 ① ② ③ ④
4 ① ② ③ ④	4 ① ② ③ ④	4 ① ② ③ ④	4 ① ② ③ ④	4 ① ② ③ ④	4 ① ② ③ ④
5 ① ② ③ ④	5 ① ② ③ ④	5 ① ② ③ ④	5 ① ② ③ ④	5 ① ② ③ ④	5 ① ② ③ ④
6 ① ② ③ ④	6 ① ② ③ ④	6 ① ② ③ ④	6 ① ② ③ ④	6 ① ② ③ ④	6 ① ② ③ ④
7 ① ② ③ ④	7 ① ② ③ ④	7 ① ② ③ ④	7 ① ② ③ ④	7 ① ② ③ ④	7 ① ② ③ ④
8 ① ② ③ ④	8 ① ② ③ ④	8 ① ② ③ ④	8 ① ② ③ ④	8 ① ② ③ ④	8 ① ② ③ ④
9 ① ② ③ ④	9 ① ② ③ ④	9 ① ② ③ ④	9 ① ② ③ ④	9 ① ② ③ ④	9 ① ② ③ ④
10 ① ② ③ ④	10 ① ② ③ ④	10 ① ② ③ ④	10 ① ② ③ ④	10 ① ② ③ ④	10 ① ② ③ ④
11 ① ② ③ ④	11 ① ② ③ ④	11 ① ② ③ ④	11 ① ② ③ ④	11 ① ② ③ ④	11 ① ② ③ ④
12 ① ② ③ ④	12 ① ② ③ ④	12 ① ② ③ ④	12 ① ② ③ ④	12 ① ② ③ ④	12 ① ② ③ ④
13 ① ② ③ ④	13 ① ② ③ ④	13 ① ② ③ ④	13 ① ② ③ ④	13 ① ② ③ ④	13 ① ② ③ ④
14 ① ② ③ ④	14 ① ② ③ ④	14 ① ② ③ ④	14 ① ② ③ ④	14 ① ② ③ ④	14 ① ② ③ ④
15 ① ② ③ ④	15 ① ② ③ ④	15 ① ② ③ ④	15 ① ② ③ ④	15 ① ② ③ ④	15 ① ② ③ ④
16 ① ② ③ ④	16 ① ② ③ ④	16 ① ② ③ ④	16 ① ② ③ ④	16 ① ② ③ ④	16 ① ② ③ ④
17 ① ② ③ ④	17 ① ② ③ ④	17 ① ② ③ ④	17 ① ② ③ ④	17 ① ② ③ ④	17 ① ② ③ ④
18 ① ② ③ ④	18 ① ② ③ ④	18 ① ② ③ ④	18 ① ② ③ ④	18 ① ② ③ ④	18 ① ② ③ ④
19 ① ② ③ ④	19 ① ② ③ ④	19 ① ② ③ ④	19 ① ② ③ ④	19 ① ② ③ ④	19 ① ② ③ ④
20 ① ② ③ ④	20 ① ② ③ ④	20 ① ② ③ ④	20 ① ② ③ ④	20 ① ② ③ ④	20 ① ② ③ ④
문항 / 20문항	문항 / 20문항	문항 / 20문항	문항 / 20문항	문항 / 20문항	문항 / 20문항

2026 오정화 회계학
베스트모의고사

한 장 정답

문항	제 1 회 회계학	제 2 회 회계학	제 3 회 회계학	제 4 회 회계학	제 5 회 회계학	제 6 회 회계학
1	②	③	③	③	④	②
2	①	①	③	④	④	③
3	①	③	②	③	④	②
4	①	②	③	④	②	③
5	①	④	③	③	③	③
6	③	④	①	③	②	②
7	④	④	②	④	①	②
8	①	②	④	③	③	①
9	②	③	④	③	②	③
10	④	③	②	③	③	①
11	③	④	④	①	④	④
12	③	③	③	②	④	①
13	①	④	①	②	①	①
14	②	①	②	②	②	③
15	③	①	②	①	③	④
16	③	③	③	②	①	②
17	③	②	②	④	③	③
18	①	②	②	④	②	③
19	④	④	④	①	①	④
20	③	③	①	③	④	④

2026 오정화 회계학
베스트모의고사

한 장 정답

문항	제 7 회 회계학	제 8 회 회계학	제 9 회 회계학	제 10 회 회계학	제 11 회 회계학	제 12 회 회계학
1	①	④	④	①	④	④
2	③	①	④	④	②	①
3	④	③	④	④	①	④
4	③	④	④	②	②	④
5	④	②	①	④	②	①
6	③	③	④	④	①	①
7	②	①	④	①	②	③
8	①	②	①	①	①	③
9	③	③	④	③	②	④
10	③	②	②	②	①	③
11	④	③	③	③	①	①
12	③	①	③	①	②	②
13	④	①	④	③	②	②
14	①	④	④	②	②	②
15	③	③	④	③	①	①
16	④	④	①	③	②	③
17	②	②	②	②	④	①
18	①	①	④	②	③	②
19	①	②	④	④	②	②
20	③	③	③	②	②	②